THE LITTLE BOOK
OF IKIGAI

IKIGAI
生之意義

每天早上醒來的理由
那些微不足道的事物
就是IKIGAI

THE ESSENTIAL JAPANESE
WAY TO FINDING YOUR PURPOSE IN LIFE

KEN MOGI
茂木健一郎

丁世佳——譯

目次

致讀者

Ikigai的五大支柱

在本書中，我會提及*ikigai*生之意義的五大支柱。分別是：

支柱一：從小處著手
支柱二：解放自我
支柱三：和諧與持續
支柱四：些微的喜悅
支柱五：活在當下

這五大支柱會常常出現，因為每一根支柱都是支撐整體架構——也就是基礎——並且讓*ikigai*得以發揮的重要部分。它們並不互相排斥衝突，也沒有先後順序或是高低之分。但卻是瞭解*ikigai*的重要關鍵，並且能在你閱讀本書稍後章節，並且省思自己的生命歷程時提供指引。這些支柱每次出現都會有更新更深刻的意義。

我希望你享受這次探索的旅程。

生き甲斐

chapter 1

何謂Ikigai？

chapter 1　何謂 Ikigai？

二〇一四年春天，當時的美國總統歐巴馬（Barack Obama）正式訪問日本，日本政府官員必須替日本首相主持的歡迎晚餐選擇地點。這次的晚宴是非公開的私人場合，在次日開始的正式訪問之前舉行，正式訪問當天的國宴則是在皇居進行，由天皇與皇后主持。

想像一下這次非正式的晚餐花了大家多少心思選擇餐廳。最後宣布晚餐將在全球知名的壽司之神小野二郎的店「數寄屋橋次郎」（すきやばし次郎）舉行時，人人一致叫好。從歐巴馬總統離開餐廳時臉上的笑容，就能看出他多享受這次晚餐。根據報導，歐巴馬總統說這是他生平吃過最好吃的壽司。以一個在夏威夷長大，受日本文化影響很深、同時應該也品嚐過許多高級料理的人來說，這是莫大的讚美。

數寄屋橋次郎由小野二郎掌廚，在我執筆時，他九十一歲，是世界上最年長的米其林三星主廚。在二〇一二年第一次出版的東京米其林美食指南出版之前，數寄屋橋次郎就已經在日本美食家之間大有名氣，但美食指南確實讓這家餐廳有了世界性的知名度。

小野的壽司雖然縈繞著神祕的氛圍，但他的料理基本卻是扎實且豐富的。比方說，他研究出一種能終年提供新鮮鮭魚子的特別程序。這挑戰了高級壽司店的傳統——只在秋天鮭魚迴游產卵的當令季節提供鮭魚子。他同時也發明了一種特殊的方法，用稻桿燻某種魚肉，讓魚有特殊的風味。魚肉的溫度，以及將壽司放在急切等待的客人面前的時機都必須精確拿捏，以確保壽司的美味（理論上客人應該不會等太久才吃掉）。事實上，在數寄屋橋次郎用餐，就像觀賞細膩的芭蕾舞一樣，由櫃檯後一位受人敬仰的莊嚴大師編導（他外表肅穆，但如果你走運的話，他臉上偶爾會露出微笑）。

小野非凡的成就可以歸因於他出眾的才能、堅決的意志跟不屈不撓的長年辛勤工作，以及不懈地追求最高品質的料理技巧和呈現方式。小野自然已經達到了這些成就，無庸贅言。

然而除此之外，最重要的可能是小野有*ikigai*。說他在工作和私生活上的超凡成就都歸功於此一日本信念也不為過。

*ikigai*是日本人用來描述生存意義跟喜悅的詞彙。這個詞是由生「iki」（也就是生存），和「gai」（理由）組合而成的。

在日文中，*ikigai*會用在各種情況下，從最枝微末節的日常小事到遠大的目標和成就。這是個大家隨意使用的日常詞彙，並不覺得有任何特殊的意義。最重要的是，你用不著功成名就，也能有*ikigai*。人人都能擁有。

對小野二郎這樣成功的壽司師傅而言，獲得美國總統的讚美就是他*ikigai*的來源。獲得世界最古老的米其林美食指南三星榮譽當然是非常美好的*ikigai*，然而*ikigai*並不侷限於世界性的名氣跟認可。小野在將最上等的鮪魚送到微笑的客人面前，或是凌晨起床準備去築地市場感受到清晨沁涼的空氣時，都可以找到*ikigai*。小野甚至可以在啜飲每天早上的咖啡，或是在走到自己位於東京市中心的餐廳、沐浴在從樹葉縫隙間灑落的陽光中時找到*ikigai*。

小野曾經提過他希望在捏製壽司時死去。雖然捏製壽司需要許多單調且費時精細的步驟，但他顯然從其中找到了深厚的*ikigai*。比方說，為了讓章魚柔軟美味，小野必須按摩這軟體動物一小時。壽司之王鰶魚是一種小型的亮皮魚，準備起來也非常費功夫，必須除去魚鱗跟內臟，以及用精確比例的鹽跟醋醃製。他說過：「我最後捏的壽司可能就是鰶魚。」

*ikigai*存在於微小的事物中。清晨的空氣、一杯咖啡、陽光，跟美國總統的讚美是同等重要的。只有能夠體認豐富之美的人，才能真正享受*ikigai*。

這是*ikigai*的重要教訓。在這個世界上，我們身為人的價值和自我評價主要以成功與否來決定，因此許多人都承受著不必要的壓力。你可能覺得自己的價值觀必須能以具體成就肯定才有價值——像是升官或是發財。

放輕鬆！你不用以這種方式證明自己，也可以有*ikigai*，生之意義。當然這並不容易。我雖然在一個*ikigai*的概念根深蒂固的國家長大，但我有時候也得提醒自己。

在一場名為「如何活到一百歲」的TED講座上，美國作家丹．布特納（Dan Buettner, 1960-）認為*ikigai*是健康和長壽的思維。在筆者寫作當時，布特納講座的視聽率已經超過三百萬次。布特納解釋了世界上五個平均壽命高的地方的人的生活方式。布特納將這些地方稱之為「藍區」，它們各有對長壽有所貢獻的文化和傳統：日本的沖繩（Okinawa）、義大利的薩丁尼亞（Sardinia）、哥斯大黎加的尼科亞（Nicoya）、希臘的伊卡利亞島（Icaria），以及美國加州羅馬林達（Loma Linda）的基督復臨安息日教會（Seven-Day Adventists）成員。在這些藍區中，最長壽的是沖繩人。

沖繩是日本列島最南端的一串小島，那裡有很多百歲人瑞。布特納引用了當地居民的話來解釋*ikigai*的意義。一位一〇二歲的空手道師傅告訴他，他的*ikigai*就是鍛鍊武術。一位一百歲的漁夫說他的*ikigai*就是就是每週三次出海捕魚帶回家。一〇二歲的婆婆說她的*ikigai*就是抱著小小的來孫——她說簡直像是躍入天國一樣。這些簡單的生活選擇交織出*ikigai*的精髓本質：社區意識、均衡飲食跟靈性感受。

雖然可能在沖繩比較明顯，但這些原則是所有日本人共有的。畢竟日本其他地方的平均壽命也非常高。根據厚生勞動省二〇一六年的調查，跟世界上其他國家地區比起來，日本男性的平均壽命八〇．七九歲，位居世界第四，次於香港、冰島跟瑞士。日本女性八十七．〇五歲，是全世界第二長壽的，第一名是香港，第三名則是西班牙。

看到許多日本人將*ikigai*視為理所當然，是一件很有趣的事。二〇〇八年，位於日本北部仙台市的東北大學醫學院，發表了一份關於*ikigai*對健康貢獻的研究（〈日本的生之意義（*ikigai*）與死亡率的關係：大崎研究〉，2008），這個研究統計了大量的實驗數據，研究人員據以得出*ikigai*與各種健康效果間有意義的關連。

在這次研究中，研究人員分析了宮城縣大崎保健所管轄下的十四個區裡七年間的資料。該地區從十四歲到七十九歲的居民，總共五萬四千九百九十六人，都接受了問卷調查。

問卷有九十三個項目，受訪者回答過去的醫療紀錄、家族歷史、身體健康狀態、菸酒習慣、工作、婚姻狀況、教育和其他跟健康有關的因素，包括*ikigai*在內。最後這個重要的問題非常直接：「你生命中有*ikigai*嗎？」受訪者從三個答案中選一個：「有」、「沒有」，或「不確定」。

大崎研究分析了五萬多人的資料，達成的結論是「跟有*ikigai*的人比起來，那些沒有的人多數未婚、沒有工作、教育程度較低、自己覺得健康不佳、精神壓力較大、有中度到重度的身體疼痛、有身體功能障礙、也比較不能行走」。

當然光用這份研究無法得知有*ikigai*是否能增進受訪者的婚姻、就業狀況，或教育程度，也無法得知生命中小小的成就加起來是不是會增加*ikigai*。但我們可以放心地說有*ikigai*代表受訪者的某種心態，他們覺得自己可以過著愉快且活躍的生活。*ikigai*從某方面來說，像晴雨計一般綜合反映了一個人的生命觀。

更有甚者，回答「有」*ikigai*的受訪者的死亡率，顯著低於回答「沒有」的受訪者。較低的死亡率在於他們得心血管疾病的風險較低。有趣的是，回答「有」*ikigai*的受訪者得癌症的機率，跟回答「沒有」的受訪者並無顯著區別。

為什麼有*ikigai*的人得心血管疾病的機率比較低？維持良好健康包含很

多因素，很難肯定地說哪些因素一定有幫助，但低心血管疾病發生率表示有*ikigai*的人比較可能運動，因為身體活動可以減低心血管疾病的發生率。大崎研究發現，回答有*ikigai*的人運動量的確大於回答沒有的人。

*ikigai*賦予你生命的意義，讓你能堅持下去。雖然數寄屋橋次郎現在已經是世界知名的餐廳，光顧的都是如侯布雄（Joel Robuchon）般的名人，小野二郎的出身非常平凡，他的家人為生計掙扎，出於經濟上的需要（這是在日本實行禁止兒童勞動的法律之前），他在小學的時候就晚上去餐廳打工。因為晚上長時間辛苦工作，白天他上課時常打盹。老師叫他到教室外面去罰站時，他常常趁機跑回餐廳去把雜事做完，或是早點開始準備，減輕之後的工作負擔。小野開第一家壽司店（數寄橋屋次郎的前身）的時候，他的目標並不是創造出一家世界第一的餐廳。只是因為當時開壽司店比其他類型的餐廳要便宜。基本的壽司店只需要最簡單的設備和內裝。這並不令人驚訝，因為

壽司源自十七世紀江戶時代的路邊小吃。當時的小野開壽司店是為了謀生，僅此而已。

接下來是漫長而辛苦的往上攀升之路。然而在漫長的職業生涯中，小野有*ikigai*支持並驅動他，讓他聽從自己內心的聲音，無止境地追求品質。這種作法無法大量生產，大眾也無法輕易理解。小野必須不斷激勵自己，特別是在早期大家還無法欣賞他的努力的時期。

他默默地慢慢改進自己的店，比方說，設計一種特殊的容器好安置在櫃檯裡，讓一切井然有序。他改善了幾種製作壽司的工具，渾然不覺其中許多將會被其他餐廳使用，成為他原創的器具。這些小小的進步都是小野的心血結晶，來自他重視的從小處著手（*ikigai*的第一支柱）。

這本小書希望能為對*ikigai*思想有興趣的人略盡棉薄之力。藉由小野的故事，我希望能讓大家體會到這個概念的含意及其價值。我們會一起看到，*ikigai*真的可以改變你的生命。你可以活得更久，更健康，更快樂，更滿足，更沒壓力。此外，*ikigai*甚至可能讓你更有創造力且更成功。如果你知道如何欣賞這種生活哲學，學會應用在自己的生活上，就能享有*ikigai*所有的好處。

由於*ikigai*的概念深植於日本文化和傳統中，要釐清其本質，我會深刻探討日本的傳統，同時在現代價值觀中找尋相應之處。在我看來，*ikigai*是一種認知和行為中心，四周環繞著各種生活習慣和價值觀。日本人在日常生活中將*ikigai*身體力行時，並不一定知道這個詞真正的意義，這正是*ikigai*重要性的表現，特別是在將詞彙假說考慮進去的時候。這是十九世紀末英國心理學家法蘭西斯・高爾頓（Francis Galton, 1822-1911）提出的學說。高爾頓認為，一個種族特性中的重要特徵會隱含在該文化的語言中，那個特徵越重要，就越可能以單一字彙呈現。*ikigai*是一個專門的詞彙，表示這個概念指出了日本人生活中的主要的心理特徵。*ikigai*代表了日本人的生活智慧，以及在島國的緊密社會中演化了數百年的日本社會中特殊的感性和行為方式。

當然你不必是日本人也可以有*ikigai*。每當我心中想起*ikigai*的時候，總會浮現我在英國見到的一把特別的椅子。

在一九九〇年代中期的數年間，我在劍橋大學心理實驗室從事博士後研究。我住在一位德高望重的教授家裡。他讓我看我要住的房間時，指向一張椅子，解釋那把椅子對他意義重大：那是他小時候他父親特地為他製作的。

那張椅子並沒有什麼特出之處。老實說，做得還蠻差勁的。設計並不精緻，各處都有不規則的粗糙部分。要是那張椅子在市面上出售，絕對賣不了多少錢。話雖如此，我從教授眼中的光芒能看出這張椅子很特別。這才重要。那椅子在教授心中有特殊的地位，因為那是他父親替他做的，有情感上的價值。

這個例子很小但很有力。*ikigai* 就像教授的椅子。重點在於要發覺、定義並欣賞你生命中有意義的事物。即便沒有別人看得出那種價值也沒關係；但正如小野，以及你將在本書中看到的篇章，追求個人生命中的歡愉通常會有社會方面的回饋。你可以找出並培養自己的 *ikigai*，慢慢地私下發展，直到有一天結出原創性的果實。

在本書中我們會檢視日本的生活方式、文化、傳統、心態和生活哲學，從中獲取和 *ikigai* 息息相關的健康長壽祕訣。你可以自問：

- 你最具有感情價值的東西是什麼？

● 能讓你覺得愉快的小事是什麼？

你可以從這裡開始找尋自己的*ikigai*，朝更愉快、更充實的生活努力。

chapter 2

早上起床的理由

對某些人來說，起床不是問題，然而其他人似乎很難辦到。如果你是鬧鐘響後還躲在被窩裡，希望今天放假，然後在鬧鐘響了第二次、第三次之後，才心不甘情不願地下床的那種人，本章就是給你看的。

*ikigai*有時會被解釋成「早上起床的理由」。這是讓你繼續生活下去的動力，也可以說這讓你得以欣賞生活，愉快地迎接新的一天。我們將在本章看到日本人並不需要宏偉的動機也能生活下去；他們能欣賞每日例行公事的微小細節。在本書一開始提到的*ikigai*五大支柱中，早起跟從小處著手最有關連。

在東京著名的築地市場買賣鮪魚的藤田浩毅起得很早。他半夜兩點起床，一如往常準備去工作。就算是夏天，他到市場的店裡時天還是黑的。藤田多年如一日，立刻開始俐落地工作。

藤田每天這麼早起是有原因的。他買賣鮪魚，必須進最好的貨，因此不能錯過市場上的任何交易。藤田的客戶都仰賴他。世界各地的人都發現了鮪魚的絕妙美味，對上等魚貨的需求越來越大，藤田仔細檢視築地市場交易區地上的幾十條鮪魚，試圖替他的客人選出最好的魚，他的客戶大部分是東京最高級的壽司店，當然包括數寄屋橋次郎。

藤田說，選擇上好的鮪魚本身就是一門精細的藝術。築地的鮪魚是整條販售，買家在購買前看不到魚身內部。買家唯一的購買依據就是觀察魚身尾鰭被切斷的斷面，藤田常會撫摸尾鰭斷面，用手指判斷魚肉是否已經成熟。

「大家對怎樣的鮪魚才好吃可能有所誤解，」藤田說：

大家都以為看起來新鮮的紅色鮪魚最好，但事實完全不是這樣。最好的鮪魚其實顏色比較暗。這種顏色只限於某種釣魚法釣到的少數。最上等的鮪魚一百條裡只有大概一條。我們會設法用外表和觸感判斷，但仍舊非常難以確定，因為最上等的鮪魚通常跟已經氧化的次品幾乎無法區別。我每天早起，因為我永遠在找尋那種特別的鮪魚。我心想，今天去市場能找到嗎？這給了我持續下去的動力。

我們大家或許都應該跟藤田一樣擁抱早晨。從腦部生理學，我們得知早晨最適合從事創造跟創意相關的工作。資料顯示在睡眠時腦部忙著在神經迴路中記憶並分類整合白天的活動。記憶整合的研究仍在進行中。目前我們知道新的記憶由海馬區暫時儲存（我們能確定海馬區的重要性，因為腦部海馬區受損的人，無法形成新的記憶）。然後這些記憶似乎逐漸「遷徙」到關連皮質，鞏固成長期記憶。腦部可以在沒有傳入的感官訊息的情況下，完成所有這些有效的存儲、鏈接和索引記憶。

假設你前一晚睡飽了，你的腦子在早上就已經完成了重要的夜間任務。

腦子處於煥然一新的狀態，在你開始一天的活動時準備吸收新的資訊。道早安——日語是ohayo——以及和他人眼神交流，可以讓大腦的激素調節機能更有效率，提高免疫力。雖然我們還未能完全瞭解互動的關連性，但這些效果都已經證實具有統計學上的意義。我們會在下面看見，早起的習慣深植於日本文化中，所以何時跟如何說ohayo都有規定，就或許並不讓人驚訝了。日本人對此是非常認真的！已知大腦中的各種激素調節與太陽的位置相關，晝夜的節律是依照白天和夜晚的自然週期運作的。

這是早起為何是日本重要傳統的神經學解釋。但我們剛才也說過，早起也有文化的因素在內：日本一向都非常重視朝陽。

七世紀時，日本的統治者是用明天皇的皇子聖德（編註：後世的尊稱，本名是廄戶）太子，他是個天才。根據傳說，他可以傾聽十個人同時說話，並且都知道他們在說什麼。據說聖德太子進行了設定十七條憲法等積極的政治改革。十七條憲法的第一條就是強調「和」的重要（稍後將進一步探討）。

聖德太子在致書中國皇帝時開頭就寫道：「日出處天子，致書日沒處天子，無恙。」意指日本位於中國東方，太陽升起之處。這個形象一直流傳至今，西方文化中仍會被稱為「日出之地」。Japan是外來語；在日文中，國家的名稱是Nippon或Nihon（日本），兩種不同的發音都意為「日之根本」。日本國旗Hinomaru（日之丸）是朝陽的映象化表現。

長久以來，太陽在日本都是受崇拜的對象，象徵生命和精神。元旦時很多人會早起（或是熬夜）迎接新年的朝陽。大家習慣半夜開始爬富士山，在山頂看日出。許多日本的產品，包括啤酒、報紙、壽險、火柴跟一家電視台，都叫做朝日。

日本人早起的另一個原因可以追溯到這個國家的經濟歷史。日本在江戶時代（1603-1868）由德川幕府統治當時百分之八十的人口都是農夫。即便在快速的工業化和都市化之後，一九四五年仍舊有百分之五十的日本人是農夫。務農是必須早起的。

日本經濟重度仰賴稻米，所以農業如此重要。稻米是最重要的作物，近乎神聖。稻米是獻給神明的作物，米年糕是新年的象徵。日本清酒是米釀造的。神社的裝飾也是由稻稈編成的。

今日從事農業的人口已經下降到總人口的百分之一．五。日本人心中農業的重要性已經相對減低。然而許多跟農業相關的概念架構今日仍舊存在，影響人們的一舉一動。比方說，春天插秧跟秋天收割是天皇數一數二的重要行事。皇居裡有特別規劃的田地，天皇親手插秧、收割的過程都公開轉播讓全民觀看。天皇身為日本人民的代表，這樣的行事意味著大部分的人民以此為生計。

並不是只有農夫才早起，傳統上商人也都認為早起是美德，早起立刻開始工作趕進度，可以節省晚上的燃料、蠟燭等耗損。日本有句古老的俗諺「早起賺三文」，「文」是日本古代的貨幣單位。這跟英文諺語「早起的鳥兒有蟲吃」的意思一樣。日本人都認為早起有經濟上的效益。今日買賣鮪魚的人半夜起床去市場，財經人士早起到辦公室因應外國交易時間，是同樣的道理。

現代日本貫徹「早飯前」這個詞字面上意義的職業應該就是相撲了。相撲力士都是起床先進行訓練之後才吃早飯。事實上，相撲訓練只在早上進行。下午相撲力士都很悠閒，睡午覺或是從事自己喜歡的活動。當然午覺跟休閒時間都在吃飽之後。相撲力士大量進食，以鍛鍊出讓人印象深刻的體型。

廣播體操（伴隨音樂的短暫運動）可能是日本早起文化最具代表性的活動。這是不分男女老少的大眾活動。

廣播體操是一九二八年由日本政府發起的，目的是增強國民體力，從那時開始，廣播體操就成了日本人生活中的慣例（只有第二次世界大戰後的四年間例外）。許多人都是從小學的時候開始接觸廣播體操。一年級的小朋友們學習如何隨著音樂舉手抬腳，動作很簡單，六歲小孩也能模仿。暑假的時候，各個地區也會舉行團體廣播體操，用蒐集印章來鼓勵小朋友參加，蒐集到一定數量的印章，暑假結束後可以兌換糖果或文具等獎品。這種習慣富有教育意義，鼓勵兒童早睡早起，這在遊戲和YouTube等數位娛樂讓兒童沉迷熬夜的年代特別健康。兒童就這樣自然地接受了「朝日」的精神（雖然並沒有愛國意義在內）。廣播體操正是一點創意發揚光大到國家級程度的例子。

建築工地和工廠的工人都做廣播體操，這是工作前必須的暖身準備，連某些白領階級在工作開始前都先在辦公室做體操。

現在做廣播體操的大部分是高齡人士。住宅區的公園裡常見一群老年人每天早上一起運動。他們每天六點半就定位，隨著NHK第一廣播頻道的音樂開始做體操。這是他們的*ikigai*。

國際媒體有時候會用一群人穿著制服做同樣動作的畫面，來表達日本是一個注重群體的國家。老年人早晨的廣播體操，動作並不整齊劃一。你會發現大家三三兩兩，以自己的方式伸展運動。有些人跟音樂節拍不合，有些人則一面揮動手腳一面聊天。也有人半途加入，半途離開。換句話說大家都是自由行動，沒有人介意。

廣播體操可能是日本人注重早晨活動的代表性指標。這從社會構築*ikigai*的角度來看特別有趣，因為經由廣播體操將大家結合在一起，體現了第三支柱：和諧與持續。廣播體操的音樂已經在日本人心中佔有特殊的地位，常常在電影和戲劇中出現。

些微的喜悅在這裡也特別重要。日本人習慣早上起來吃甜食搭配傳統綠茶，近來則逐漸被咖啡、紅茶取代。這是很有道理的。無論你在世界上什麼地方，如果你習慣一起床就吃最喜歡的食物（比方說巧克力、咖啡），腦中就分泌多巴胺，加強行動（起床）和獎勵（巧克力、咖啡）的連結。正如音樂劇裡保姆包萍唱的那首歌：「吃藥配糖好下嚥。」

其他小事也能幫助你早起。許多日本人遠距離通勤，特別是住在東京、名古屋和大阪周圍的人。我自己高中時每天早上搭六點二十分的電車去上學。我坐在同一節車廂裡同一個位子上，附近都是熟悉的面孔。我覺得最有趣的是每天早上都有幾個上班族在車上下將棋，愉快地度過通勤時光。這個將棋俱樂部就跟廣播體操俱樂部一樣，以團隊的力量強化早起的動機（第三支柱：和諧與持續）。直到今天回憶起那一幕，仍然覺得那是幾乎完美的幸福場景。

因此廣播體操和將棋可以視為推廣*ikigai*第一（從小處著手）、第三（和諧與持續）和第四支柱（些微的喜悅）的良好系統。

無須贅言，你不必出生在日本也能每天早起。畢竟普天之下太陽都會升起，就連在太空站上也一樣。無論何時，太陽都在某個地方升起和落下。

或許你可以嘗試在自己的文化範疇中做廣播體操，或是組織將棋俱樂部。你或許可以跟一起通勤的乘客開讀書會，也可以在晨跑或伸展操之後準備值得期待的美味早餐。讓自己享受些微的喜悅，開始早起的*ikigai*。

chapter 3

Kodawari和從小處著手的好處

近年來日本成為當紅的觀光勝地。二〇一〇年間，有約八百萬外國遊客造訪日本。二〇一五年這個數字增加到將近兩千萬。東京、京都和大阪等受歡迎的地點街頭常見成群的外國觀光客。遊客也會去偏遠的村落，以及本來只有當地人才知道的餐廳，觀光客已經敢去以前外人不會去的地方了。

自從近代化之後，日本政府就一直設法吸引外國觀光客。明治時期（1868-1912）建造了一些西洋式的酒店，接待歐洲和美國的觀光客。當時日本還不是工業化經濟輸出大國，所以觀光客帶來的外匯收入十分重要。第二次世界大戰後，日本經濟快速發展，跟電器製品和汽車賺的外匯比起來，觀光客的重要性銳減。

但最近日本政府再度開始推動觀光產業，鼓勵大家訪問日本。現在面對中國、韓國和台灣的競爭，以及美國的網路經濟，日本的工業已經失去了優勢。以前經濟產業省（METI）曾經被視為日本企業的推手，備受敬畏。現在經濟產業省將日本的「柔性力量」視為外匯機制不可或缺的一部分。經濟產業省從英國的「酷不列顛」活動獲得靈感，推動「酷日本」企畫，鼓勵製造業之外的經濟體系，鎖定觀光業為本國的外匯重點。增加觀光客數目是「酷日本」企畫的重要挑戰。

觀光客常認為服務品質、對呈現和細節的重視是日本主要的魅力。從新幹線列車從不出錯的運行到牛肉速食店快速有效率的出餐服務，這些日本人視為理所當然的事情，都會讓外國人驚歎不已。遊客都覺得日本乾淨整潔，一切都井然有序而且準時。公廁、便利商店和大眾交通工具似乎都完美地運作，日本人則友善、樂於助人。

不消說，當然偶爾也有例外。日本也有不親切的人和成效不彰的機構。日本人總是執著於維持高品質服務，連他們也會抱怨水準日益低下。但平均來說，日本在服務品質和人民友善度上都可以得到甲上的評分。

如果想要知道日本為何能持續提供高品質產品和服務，我們就必須瞭解kodawari這個概念。

"kodawari"這個詞很難翻譯。英文常常翻譯成"commitment"（承諾）或是"insistence"（堅持）。然而這些詞並不能完整表達出不同文化裡孕育出的概念。kodawari是一種個人標準，是該人的擇善固執。這個字常用來表達該人在某種程度的品質或是專業程度的講究。這是一種貫徹終身的態度，其中包含了*ikigai*的主要因素。kodawari的本質是個人的，也是個人對自己作為自傲的表現。簡而言之，kodawari是極度講究細節的做事方法。kodawari屬於*ikigai*的五大支柱的第一支柱：從小處著手，本身並不需要是某種偉大目標的一部分。

遊客都會注意到日本有很多並非連鎖或是大企業，而是個人經營的小餐廳、酒館。這些地方都有當地特色，並且富有獨特的個人風格。店裡通常有店主引以為榮的kodawari no ippin——也就是招牌菜。裡面可能有特殊的材料，或是特別著重材料的產地，或是準備菜餚需要的功夫。客人都欣賞這些提供精緻料理的店家，把它們視為個人交流及群體意識的重要場所。

著名的拉麵是特別有趣的例子。日本人痛下功夫，將國外傳來的麵改造成接近完美的獨特產品。這種麵源自中國，但在日本卻發展出非常多不同的拉麵，不同的湯頭、麵條不同的煮法以及不同的配料，種類繁多。兩個日本人一旦開始討論他們喜歡哪種拉麵，那就沒完沒了了。日本電影界最精銳的大老之一伊丹十三就在一九八五年的電影《蒲公英》中對拉麵的kodawari致意。他詳細描繪了湯頭的製作、揉麵的講究、配料的數量和份量。此外，顧客必須學習品嚐拉麵的正確方式。這一切都在電影中以喜劇的方式呈現。雖然對拉麵熱誠的表現方式幽默而誇大，其中也有純粹是娛樂的部分，然而電影之所以有趣正是因為這些描述非常真實。從小處著手，然後將每一個步驟做到盡善盡美，這正是日本每一家拉麵店主的精神，而且也廣泛為大眾所認同。

kodawari本身看起來似乎頑固且自我中心，幾乎到了排除外界的地步。日本人心目中的拉麵店主形象也確實是難以溝通、個性暴躁，同時要求顧客的水準要配得上他的拉麵。《蒲公英》中的拉麵店老闆非要顧客把麵湯都喝完才滿意。事實上，kodawari最終極的目標是溝通。講究透過每一個微小的步驟製作出一碗完美的拉麵，最終只是為了看見顧客臉上露出的笑容。

史帝夫・賈伯斯（Steve Jobs）也有這種kodawari。雖然他並沒有詳細解釋過這種精神，但從他不斷試圖讓iPhone功能更加完美看來，kodawari絕對是賈伯斯的特色。我們甚至可以說賈伯斯在kodawari的精神上是日本人！

當然，賈伯斯是人中龍鳳。日本最特殊的地方可能在於一般人普遍都講究kodawari。從小居酒屋的老闆、飼養神戶牛的農家到大間（位於日本北邊青森縣的港口）的鮪魚，日本有無數的人執著於各自的kodawari。許多農家將所有時間精力和創意都投注在培育品質最佳、味道最美的農產品上。他們改善土壤，修枝灌溉，精心選擇農產品的種類，仔細栽培。他們將本於從小處著手的精神，講究到令人難以置信的地步。

kodawari非常重要的一點，在於這些人追求的目標遠高過基於市場原則的合理預期。

如果你想成功，通常都必須提供品質合理的產品。然而，一旦你到達了某個程度，努力和品質的改善便不成比例了。這就像是學習曲線。如果你是個學生，到了某個階段除非有特殊情況，否則就不用太努力念書了，因為成績進步的幅度太小，不如把時間、精力花在別的地方。

這種理論對有kodawari的人來說很陌生。他們無法滿足於「不錯」的拉麵。他們不會覺得品質「可以」的鮪魚就好了（記得藤田吧）。提供「不錯」

或「可以」的產品只能讓你獲得合理的成功。然而有kodawari的人會更進一步，不需任何理由。「不錯」對他們來說「不夠好」，把它稱為創造性的瘋狂也不為過。

在某個時期，旁觀者可能會覺得這些追求完美的人講究過了頭，付出太多的努力。然而就在此時奇蹟發生了，你發覺自己追求的品質還能更上層樓，你會突破瓶頸，或是有全新的發現。全新的產品類別能開拓全新的市場，顧客願意花大錢獲得前所未有的高品質。

比方說，日本人在種植水果這個領域展現出特別高的kodawari。果農永遠在追求更高的品質，有些人甚至夢想要種出「完美的水果」。像是甜味和酸味絕妙平衡的草莓。

日本的高級水果店「千疋屋」販賣的完美水果有一個最有趣的特徵，那就是「完美」並沒有定義。在草莓季節的時候，你會覺得自己好像看到了各種不同的演化分支結果。這並不一定意味著草莓看起來和吃起來應該是什麼樣子。

日本存在著水果界的菁英。「千疋屋」創業於一八三四年。他們賣的水果是最高級的。要是果農的產品能在千疋屋銷售，那就等於是進入了水果名人堂。千疋屋在東京和其他地方的經銷店裡，水果的高昂價格和猶如藝術品般的精緻外表會讓任何人大吃一驚。

千疋屋賣的完美水果的代表可以說是麝香哈蜜瓜，因為有麝香般的特殊香氣而得名。一提起千疋屋，大家心中都會浮現通常是送禮用的天價哈蜜瓜。在日本，麝香哈蜜瓜被視為最尊貴的禮品。一顆千疋屋的麝香哈蜜瓜起價兩萬日圓。聽起來可能很荒謬，但你如果知道種出麝香哈蜜瓜所費的心思和精力——kodawari——雖然難以置信，但你可能會覺得這個價錢很划得來。

千疋屋販賣的麝香哈蜜瓜是以「一莖一果」的方式栽種的。每一株瓜苗上多餘的水果都被摘除，所有的養分都由一顆果實吸收。正因為大家知道麝香哈蜜瓜栽培不易，所以不會認為價格荒謬。但是當然啦，不是人人都負擔得起的。

要是你有幸收到千疋屋的麝香哈蜜瓜禮物，請做好心理準備享受前所未有的甜美多汁、鮮滑細嫩的口感。如果你買不起一整顆哈蜜瓜，也可以去千疋屋經營的餐廳和咖啡館，享用切片的水果。

千疋屋販售的水果是盡心盡力的果農kodawari之下的植物藝術品。無庸贅言，這種藝術的證明就是享用水果。你可以欣賞一個定價一萬日圓的完熟芒果。這個芒果在千疋屋精心準備的漂亮盒子裡看起來猶如珠寶。高昂的價格會讓你不敢碰它一下，更別說吃掉它了。然而除非你剝了它的皮切塊吃掉，就無法真正體驗到完熟芒果的價值。換句話說，你必須摧毀它才能真正欣賞它。

這種體驗是多麼美妙！你把水果放進嘴裡，咀嚼吞嚥，然後它就消失了。你價值一百美金的美食體驗就這樣結束了。

或許日本人對完美水果的愛戀是對剎那之美的信仰。最好的例子就是 hanami，也就是春天賞櫻。日本人非常重視生命中短暫的事物。吃一個完美的芒果或是高貴的麝香哈蜜瓜不消幾分鐘時間，愉悅瞬間即逝。這跟視聽刺激不同，你的美食體驗沒有紀錄，在可預見的未來應該也不會改變。你不能替味覺自拍！

相信短暫的 *ikigai*，也就是活在當下（第五支柱），可能是五個支柱中最深奧的。

當然，短暫的喜悅並不是日本的註冊商標。比方說，法國人也非常重視感官的愉悅，義大利人也是，其實俄羅斯人、中國人，甚至英國人都是。每種文化都有自己的內涵。

然而日本文化中還有另一個kodawari的例子：陶器。

日本人一向非常重視陶器藝術，數百年來茶道使用的茶碗都備受珍視。戰國武將在戰場上立功揚名時，都會希望得到名器為獎賞。據說某些武將得到城池封地而非珍貴的茶碗時，甚至會大失所望。

有一種叫做「曜變天目」的著名茶碗特別受到武將重視。「曜變」是指陶器在入窯燒製時的變化。「曜變天目」茶碗據說是十世紀起、數百年間在中國製造的。「天目」是中國杭州市西邊一座著名的山，據說那裡是某種陶器的發源地。

「曜變天目」茶碗有深藍、紫和其他顏色的星形紋路，像是漆黑宇宙上的閃亮銀河，所以我稱之為「星辰茶碗」。現在世界上僅存三個，全部都在日本，每一個都是國寶。三個茶碗完全不相似——各有特色，令人一見難忘。

日本有很多關於珍貴茶碗的傳說，但星辰茶碗的故事特別鮮明。歷史上記載有第四個星辰茶碗，被織田信長珍藏。織田信長即將結束日本自從應仁之亂持續百餘年的戰亂，統一天下的時候，卻在一五八二年因明智光秀叛變引起本能寺之變。織田信長無路可逃，選擇自盡並燒毀本能寺，第四個星辰茶碗也毀於此時。

今日，「曜變天目」到底是如何製作出來的，已經成為陶器史上最大的謎團。原料應該是長石、石灰石和氧化鐵，根據陶土準備的方式，以及加熱及冷卻時釉藥如何變化，陶器表面的質感和花樣都會有不同。這些茶碗的表面呈現非常多變，這種煉金術的變化過程是無法被工匠完全理解並控制的。在星辰茶碗無限可能的廣袤宇宙中，現存的這些花紋很可能只是偶然出現。燒出一個星辰茶碗的機會可能不到數百萬分之一。

燒出星辰茶碗已經成為日本著名陶藝家們的kodawari。他們深愛這種名器，將一生都奉獻給重現這種藝術品。星辰茶碗已經成了日本陶藝界的聖杯。

其中一人就是九代目長江惣吉他位於曾受織田信長統治、名古屋附近的瀨戶市，是陶藝世家的第九代當家。長江是家名，而惣吉則是當家代代承襲的名字。

重現星辰茶碗本來是他父親八代目長江惣吉的夢想。九代目長江惣吉說，他父親是一個「一旦投入就會奉獻一生」的人。他父親還在世時，他從小就聽過無數次星辰茶碗這個詞，事實上已經是日常生活中的一部分了。他父親為了追求星辰茶碗，曾經一度放棄製作傳統瀨戶陶器的工作。

八代目長江惣吉有過一些進展，曾經一度似乎即將成功。然後漫長的瓶頸期開始了。他無法燒製出星辰茶碗，就中風去世。九代目長江惣吉襲名之後，以自己的方法設法重現星辰茶碗。他購入一百多種不同的材料，嘗試不同的組合、不同的比例。長江使用了七百多種不同的釉藥（在陶器進窯之前塗在外表的特殊材料）。

星辰茶碗據說出自中國福建省的建窯。當地曾經有大約十座窯，星辰茶碗可能出自其中一座。現今出土的建窯遺跡中有一座長一百三十五公尺，可能曾經燒製過十萬個以上的陶器。建窯從西元十世紀到十三世紀，運作了三百餘年。星辰茶碗可能是其中數百萬產品之一。

長江惣吉從建窯當地進口了重達四十噸的土壤，足夠製作一萬個茶碗。用建窯當地的土壤製作陶器是他父親八代目長江惣吉的夢想。對長江來說，燒製出星辰茶碗就像是建造金字塔，茶碗就在頂端。然而，萬丈高樓平地起，你得先腳踏實地，才能開始往上爬。

在建窯舊址仍舊有堆積如山的失敗作品。十二公頃的土地上堆滿了破陶器，有時堆積高達十公尺。奇怪的是，從來沒有人在那裡發現過星辰茶碗的碎片。這引起各種推測，其中不乏陰謀論在內。

然而在二〇〇九年時，杭州市某處建築工地發現了星辰茶碗的碎片。該地曾經是南宋王朝（1127-1279）的首都。此一發現平息了所有陰謀論。現在大家一致相信星辰茶碗是出自建窯工匠之手。

二〇〇二年，九代目長江惣吉參加了在景德鎮舉行的國際陶器研討會。景德鎮有一千七百年製作陶器的歷史，以「陶瓷之都」聞名於世。長江在研討會上展示了他重製古代陶瓷的基礎方式。長江認為建窯使用螢石燒製，可能是形成不同種類的「天目」，也就是星辰茶碗花紋的原因。

今日重現星辰茶碗已經有了成功的徵兆，然而長江和其他人的努力仍舊尚未結束。

星辰茶碗的故事從幾個方面來說都有日本人的思維特徵。第一個特徵就是對外來事物深厚的興趣，像是中國來的陶瓷器。如上所述，現存的三個星辰茶碗都由文部科學省的文化廳指定為國寶。日本政府也極為重視許多來自其他國家的文物。「國寶」這個詞跟國家沙文主義沒有任何關係。

日本人善於吸收外來文化，適應並改造成屬於日本的東西。無論是古代的中國文字，或是近代英國庭園的設計。棒球是從美國引進的，現在已經成為具有特色的日本運動。以加拿大小說家露西．莫德．蒙哥馬利（Lucy Maud Montgomery）的《清秀佳人》（*Ann of Green Gables*），或是芬蘭作家朵貝．楊笙（Tove Jansson）的《嚕嚕米》（*Moomin*）為例。兩本書都改編成大受歡迎的動畫系列。小說家村上春樹翻譯了許多英文作品，最出名的是瑞蒙．卡佛（Raymond Carver）的小說。由於村上本人非常有名，也因為翻譯品質卓越，他翻譯的作者也在日本讀者中熱門起來，幾乎像是崇拜他的信徒一樣。

我們在本章中看到日本人有時候對創作細節講究到幾近荒謬的程度。像是千疋屋販售的完美水果，或是試圖重現星辰茶碗。這些行動背後的推手是他們的kodawari，有了kodawari，就有*ikigai*。要是從靜態方式來分析，

kodawari或許像是不知變通的方法，強調傳統並拒絕外界影響。然而我們已經看到kodawari並不一定排斥外來的影響，正好相反。日本人從以前到現在，一直都是充滿好奇心的民族。

有一點很重要。從小處著手是年少時的特徵。年輕的時候沒有辦法一舉成就大功大業。無論你做什麼，對這個世界都沒有太大影響。你必須從小處著手。而年輕時你有的是開闊的心胸和好奇心，讓你能投入自己的目標。孩童總是非常好奇，好奇跟*ikigai*的關連顯而易見。

有趣的是，第二次世界大戰後，盟軍總司令道格拉斯・麥克阿瑟（Douglas MacArthur）將軍（當時他是GHQ最高司令官，等於日本的領導人）曾經公開說日本是「一群十二歲小孩的國家」。當時麥克阿瑟的意思是指日本的民主體制尚未成熟。這句話本意是貶抑。然而如果你把這句話解釋成日本心態年輕，充滿對生命的好奇心，那麼麥克阿瑟的評語不啻是稱讚。

*ikigai*可能讓人人都成為小飛俠彼得潘（Peter Pan）。這並不一定是件壞事。讓我們都成為十二歲的孩子吧！

年輕的心態對*ikigai*非常重要，認真和熱情也是。無論你的目標看起來多微小都一樣。

chapter 4

Ikigai的感官之美

完美的星辰茶碗要是拿出來拍賣的話，可以賣到數百萬美金的高價。目前僅存的三個星辰茶碗中，「稻葉天目」是最美的一個。據說這是德川幕府時經由春日局傳到稻葉家手中，今日的市場價值應該有數千萬美金。

三菱財閥總裁岩崎小彌太是現代日本數一數二的富豪。他在一九三四年成為這個特殊茶碗的主人。然而，岩崎覺得自己不配使用這個茶碗，從來沒在茶會上用過。

日本人或許過份重視美麗的器皿。畢竟茶碗只是一個茶碗，功能就是盛裝液體。從這方面來說，它跟市面上任何普通茶碗沒有不同。其他文化對這種器皿也有同樣的熱情，然而日本文化有某種獨特之處，讓這樣的熱情非常出眾。這種對感官的熱情是從哪裡來的？

我們在第一章裡，提到了將生命中重要的個人特質逐漸表達出來，最終成為日常語言的一部分的語彙假設，像是*ikigai*。日本語言中有另一種有趣的地方，在這裡特別有意義，值得我們深入探討。

日語中狗「wan wan」地叫，貓叫則是「nya nya」。英語中則是bow-wow和meow。每種語言都有這種形聲詞，但日語的量多得出奇。

這種日本形聲詞常常由疊字構成。

比方說，bura bura表示漫不經心漫步的樣子、teka teka形容光滑的表面。Kira kira則是閃閃發光；gira gira則表現強烈到幾乎炫目的光線，像是夜間摩托車的頭燈。Ton ton形容輕敲，don don則是沉重的砰咚聲。小野正弘編纂的《日語形聲辭典》（2007）就收錄了四千五百個詞條。隨著日本動漫普及全球，世界各地對日語形聲詞越來越感興趣。受歡迎的動漫中常常使用各種形聲詞。然而日本形聲詞很難掌握，半是因為使用的微妙方式，半是因為數量實在太多。日本跟其他文化不一樣，在正式場合也使用許多形聲詞。這種感知結構在某些領域特別發達，比方說美食界。你可以想像小野二郎這樣的壽司大師和藤田浩毅這樣的魚類專家在對話中使用形聲詞，因為形聲詞常常用來形容食物的口感和味道。你同樣也可以想像武士用形聲詞討論刀劍，從光澤到劍鋒的質感。漫畫家也常常使用ton ton或don don這樣的詞來描述角色行動的細微含意。

根據語彙假設學說，日語中有這麼多的形聲詞，跟日本人看世界的方式有關。日本人似乎能區分許多不同經驗的細微差別，注意到大量的感官特質。各種不同的形聲詞反映出日本人生活中細微感官差別的重要性。

在這個創新潮流會改變我們生活的時代，對細節的講究培育出一個敬重工匠的文化。

日本一直都有許多由工匠製作的傳統工藝品。工匠雖然不多話也不招搖，但在日本社會中扮演著重要的角色，備受敬重。他們的生活方式通常都被視為*ikigai*的體現——專注於將生命奉獻給一件無論多麼微小的事物。

工匠的工作通常非常耗時費力。因此產品精細異常，品質絕佳。無論是刀劍、陶瓷、漆器、和紙或漆器，日本消費者都瞭解並欣賞製作這些高品質的產品所耗費的時間、精力。

工匠的職業道德和工作對各層面的經濟活動都有很大的影響。日本人對各種感官品質的理解和處理，同樣導致了相應的精湛工藝和製造技術。

雖然日本公司多年來已經在消費電子產品方面落後，但日本仍在精密儀器領域處於領先地位，像是醫療用攝影鏡頭。高端精密工程和對完美的堅持，使日本能製造出世界上數一數二的醫療用攝影鏡頭。日本製造商在半導體零件生產上同樣具有優勢，積累的知識和精心協調的作業方式是高效率、高質量生產的必要條件。

要製作出精密的工藝和高科技產品，眾多的感官體驗是必要的。與工藝一樣，這些認知能力也體現在語言構成上。日語豐富的形聲詞正反映出這種細微的敏感性。

我們稍後將在第八章看到，日本人將每一種感官都奉為神明。日本人傾向於相信大自然和工藝品中大量色彩的細微差別有著無限的深度，就像上帝創造宇宙的故事一樣。

西元一千年左右，服侍一條天皇、皇后定子的女官清少納言，寫了一本著名的隨筆文集《枕草子》。任選一篇都能看出清少納言非常注意生命中微小的事物。其中一例（我自己的翻譯）：「可愛的東西。畫在瓜上的童顏。小麻雀聽到模仿的老鼠叫聲蹦跳往前。稚兒急急爬行，見到一撮灰塵，以可愛指頭拈起，讓大人看。」

清少納言並沒有用華麗詞藻描寫生命。她只描寫生命中的微小事物，本能地理解活在當下的重要性。清少納言也從不提自己。她描寫周圍的微小事物，反而比直接講自己的事更能有效地表達出她自身的個性。

清少納言在《枕草子》中使用的手法跟現代的「正念」概念相似。要實行正念必須活在當下，而不是急於下判斷。堅持自我對正念有礙。

《枕草子》成書的年代在西元一〇〇二年，這些隨筆的入世精神跨越了千年的時光，清少納言簡直像是現代人一樣。

日本對生命哲學的獨特貢獻，正因其適用於生命的意義，可能來自對自我的否定。

神谷美惠子的名著《生命的意義》（*ikigai*）中強調過，無憂無慮的兒童不需要 *ikigai* 也能活下去。無憂無慮的兒童不在乎自我的社會定義。兒童沒有固定的職業，也還沒有社會地位。要是能一輩子都保有兒童的身分就好了。這讓我們來到第二支柱：解放自我。

清少納言在《枕草子》裡從頭到尾都沒有提到自己的身分，簡直像是她今天早上才出生一樣，彷彿落地的初雪，無我引領我們進入禪宗的關鍵教義。無我跟活在當下攜手並進，實現了正念哲學。解放自我跟活在當下有非常密切的關係。畢竟正念這種現代概念源自佛教的冥想傳統。位於福井縣郊外的永平寺是禪宗大本山之一。一二四四年由道元大師創建，到今日仍舊是修道者修行的聖地。數以千計的修行僧在寺中學習、修行、冥想，然後取得僧侶資格。要進入永平寺修行，必須在山門前站上幾天幾夜，有時候必須忍受滂沱大雨。從現代的觀點看來這可能像是虐待，為什麼要進入禪宗的世界必須貶抑自身，然而這是有道理的，因為無我非常重要。

禪僧南直哉是少數在永平寺修行超過十年的僧侶（大部分的修行僧只停留數年，取得資格之後便離開）。根據南直哉表示，永平寺最重要的規矩之一（也就是禪宗最重要的規矩），就是沒有績效系統。外界的人行善做好事會獲得功績，然而在永平寺內善行並沒有獎勵。你一旦進入這個體制，無論你做什麼，無論多麼熱心地冥想，多麼努力地每天做事，都不會有任何不同。你的待遇跟其他所有修行僧一樣：成為一個無名的隱形人，個體完全不再有意義。

永平寺的日課非常辛苦。修行僧在凌晨三點起床，梳洗之後開始早晨冥想。冥想之後繁忙的活動包括更多冥想、掃除和其他雜務。修行僧一天吃三餐。餐點非常簡單：白飯、湯，以及一些蔬菜。

永平寺白天對一般大眾開放，遊客可以在寺內走動。修行僧和遊客處於同一個空間。遊客有時會在走廊上碰到修行僧。遊客跟修行僧形成強烈的對比。遊客帶著外界的氛圍，充滿自我意識，一心想要盡量累積功績。相反地，修行僧似乎連自己的存在都不自覺，更不會意識到別人。他們已經成功地達到了*ikigai*第三支柱的境界：解放自我。他們都很瘦，皮膚光滑（據說永平寺的食物有美容功效），他們散發出的「沒我」境界會讓外人羨慕不已。

想像一下你是永平寺的修行僧。你的感官會持續感受到精美的建築、內部設計和其他多年來細心維護的美景。雖然你在物質上得到的滿足是最低限度，也完全沒有自我滿足，但在永平寺的每一刻都充滿了感官之美。

當你沉浸在寺廟的氛圍中，會體驗到近乎永恆的幸福感。就像是要補償失去自我跟績效系統一樣，寺廟滿盈的感官之美讓修行僧得以度過艱辛的日課。

英國劍橋的神經學家尼古拉斯．漢弗萊（Nicholas Humphrey, 1943-）在他的著作《靈魂之塵：意識的魔法》（*Soul Dust : the Magic of Consciousness*）中表示，意識之所以重要，就是因為有意識才有感官愉悅——這是活下去的理由。

漢弗萊舉了一個極端的例子，就是美國的死刑犯在行刑前的最後早餐。漢弗萊引用了德州司法部網站上公布的最後餐點。犯人可以選擇炸魚排、炸薯條、柳橙汁、德國巧克力蛋糕；也有人選炸雞三明治。重點是他們非常重視自己生命中最後的一餐，證明了我們從食物中獲得的感官愉悅非常重要。這可以說是活在當下的終極形式。幾乎可以說在一個既定環境中找到*ikigai*，可以視為生物學上的適應行為。你可以在不同的情況下找到*ikigai*，這種適應力的關鍵正是感官愉悅。

在當代意識科學中，伴隨包括飲食體驗等經驗的感官品質，稱之為「感質」（qualia）。這個術語指的是感官體驗的現象學特徵：紅色的紅，玫瑰的香味，或是水的涼意，都是「感質」的例子。大腦中神經元的活動如何產生感質是神經科學，也是所有科學中最大的謎題。謎題最能激動人心。要是你把一顆草莓放進嘴裡（並不一定得是千疋屋賣的完美水果），就會有某種幅度的感質，應該能讓你產生愉悅感。這種愉悅就是生命之謎。

早先我們討論過日語中眾多的形聲詞。形聲詞就是生命中不同感質的代表而已。

這其間的關連非常深刻。解放自我和發現感官愉悅是息息相關的。具有豐富的形聲詞的日本文化耕耘了這種聯繫，在其過程中培養出非常強大的*ikigai*系統。捨棄了自我的負擔，感官愉悅的無限宇宙便為我們開啟了。

chapter 5

心流和創造力

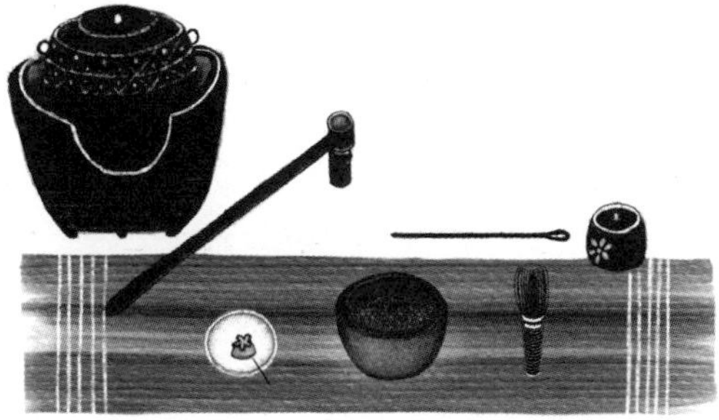

無我聽起來有點貶意。會產生否認和拒絕的感覺。然而如果你瞭解無我在以*ikigai*的背景下所帶來的有益影響，那麼無我就充滿了正面意義。

如果你能達到美籍匈牙利裔的心理學家米哈里・契克森米哈賴（Mihály Csíkszentmihályi, 1934-）稱之為「心流」（flow）的精神境界，就不僅能從*ikigai*中獲得最大的好處，甚至連日常瑣事都會輕鬆愉快起來。你不會覺得自己工作或努力一定要得到認可，你不會期望任何報償。你突然就可以一直愉快地生活，不用再尋求外界的認可和慰藉了。

根據契克森米哈賴的說法，心流是人專注投入某件事，其他一切都無關緊要的心理狀態。這是你在工作中找到樂趣的方式。工作本身就成為目的，而不是為了達成某個目的而必須忍耐的過程。當你處於心流狀態中，便不需要賺錢維生。至少這不是你的第一優先。薪資是額外的獎勵。

因此無我成為從自我的負擔中解放，成為心流的基礎。這和第二支柱解放自我互相呼應。身為生物，你自然關心自己的福祉，想要滿足自己的慾望，這很正常。然而為了要達到這種境界，你必須拋開自我，畢竟自我並不是重點，重要的是工作中涉及的元素無限細微之處的累積。你不是主人，工作才是主人，在心流狀態中你可以以象徵性的方式愉快地在工作中認可自己。認真追求個人目標在日本並不罕見。生命是連貫的，有努力的方向，有生活的目標是很重要的，就算支持*ikigai*的事物微不足道也一樣。連貫性和生活的目標讓微小的*ikigai*也能放出異彩。

日本的古董愛好家有時會說，最好的傑作都源自「無意識的創造」。現代的藝術家常常太過注重自己的個性，古代的藝術家創作時，目的並不是要彰顯自己是創造者。他們只是盡自己的本分，希望作品能在他人的生活中派上用場。鑑賞家說，古代的陶瓷都有一種現代作品沒有的純樸感。這些作品中充滿了無名的美。

這些作品的特質中都表現出擺脫了自我負擔的心流。星辰茶碗之所以如此崇高完美，就是因為這些器皿是在無心的努力下製作出來的。我們可以說現代人想重現星辰茶碗的靜謐之美之所以失敗，正是因為太過有意識地想創造出獨特而美麗的器皿。或許我們本能地知道這個觀點。在一個沉迷於自拍、自助和自吹自擂的世界裡，這個原則顯得更為重要。

日本動畫現在名揚全球。然而動畫師薪資微薄也是眾所周知的事實。跟其他像是金融、零售業比起來，動畫師的平均薪資很低。即便如此，當動畫師仍舊是許多年輕人的夢想。他們都知道自己不會賺大錢，但一代又一代的年輕人都湧進工作室做動畫。

製作動畫是很辛苦的工作。對以《龍貓》、《神隱少女》等鉅作知名的動畫大師宮崎駿而言，製作動畫是長時間的重勞動。宮崎坐在桌前動也不動，畫數千張人物和場景的草圖；然後由他合夥出資成立的吉卜力工作室的動畫師製作成動畫。

我曾有幸到吉卜力工作室訪問過宮崎駿。他接受過無數的榮譽，但從他自己的話中看來，工作的真正報償來自製作動畫本身。宮崎在心流中製作動畫，這都呈現在他的作品之中。我們可以感覺到他的作品散發出的幸福感。兒童是最誠實的消費者，你無法強迫兒童消費，無論你覺得那多有教育價值都一樣。所以小孩看吉卜力工作室的動畫時，自願看下去，越看越想看，這正代表了宮崎駿作品的價值。

我認為這個人瞭解兒童的心理，很可能是因為他自己仍舊保有赤子之心。心流就是重視活在當下。兒童明白活在當下的重要性，事實上兒童並沒有過去和未來的明確概念，他們的幸福就在現在，跟宮崎一樣。

宮崎跟我說了一個讓我印象深刻的故事。他說有一個五歲的小孩來過吉卜力工作室。那個孩子玩了一會兒之後，宮崎把孩子和爸媽送到附近的車站。當時宮崎開一輛敞篷車，「孩子一定喜歡坐敞篷車。」宮崎心想，然而就在他要把車蓬放下來時，天上開始飄雨。「那或許下次吧。」宮崎心想，就沒放下車蓬，開到了車站。

後來，宮崎說他開始覺得後悔了。他發現對一個小孩來說，一天就是這一天，絕對不會重來。孩子很快就長大了。就算那個孩子一年之後回來，搭了敞篷車，但一切仍舊不一樣了。換而言之，因為宮崎的一念之差，那一刻已經永遠不會再來。

宮崎的話非常誠摯，我深受感動。宮崎能將自己放在兒童的觀點，創造出一部又一部讓眾人著迷的偉大作品，這就是他能力的明證。宮崎一直保有赤子之心。兒童最寶貴的特質就是活在當下，這也是創作者最重要的心態。

從某方面來說，華特．迪士尼也是活在當下的傳道者。從他作品的質量和影響力看來，他應該也是在心流的狀態下製作動畫。他雖然事業非常成功——五十九次奧斯卡提名，二十二座奧斯卡獎項——但要不是投注大量時間和精力製作動畫，也不可能攀上這樣的顛峰。曾有人跟迪士尼說過，他受歡迎的程度可以當上總統了。華特反駁，他已經是迪士尼樂園之王了，為什麼還要當總統？

今天男女老少在觀看迪士尼動畫，或是在迪士尼樂園玩樂時，也能感受到心流。或許華特．迪士尼最大的影響，就是讓數以百萬計的遊客都能切實且持續體驗心流，重溫兒時的魔法。

日本人看待工作和自我之間關係的態度，以心流的角度來看或許頗為獨特，至少跟西方的傳統觀念比起來是如此。迪士尼這樣的人是特例。日本人將工作本身視為正面意義，跟基督教傳統認為勞動是必要的罪惡不同（隱喻是亞當和夏娃因為原罪被逐出伊甸園而必須勞動）。日本對待退休的態度也不同。上班族在到達公司認定的退休年紀之後，仍舊希望能繼續工作——這並不是因為他們沒有別的事做。

雖然日本人的工作環境或許稱不上完美，但許多人喜歡工作，而非退休無所事事。宮崎駿多年來一直宣稱要「引退」，但卻又再度製作動畫電影（非常巨大的勞動量）。最新的引退宣言是在二〇一三年的《風起》之後。這次許多人都認為大導演真的要退休了。然而在筆者執筆期間，有消息傳出他又參與了長篇動畫的製作。宮崎好像就是無法離開工作。

契克森米哈賴表示，他對心流研究的靈感來自觀察一位畫家朋友在沒有任何物質報酬的情況下長時間工作。這種讓自己享受活在當下的愉悅，不要求立刻的報償或認可的心態，或稱工作道德，正是日本*ikigai*概念的重要部分。

我們且看看日本的威士忌製造業。我們可以看出日本威士忌製造是一個對工作抱持積極正面態度的驚喜例子。這是一種有愛的勞動，以無我為導向，跟心流狀態有許多共鳴之處。

其實日本並沒有理由製造威士忌。這個國家並不種植大麥，也沒有泥煤。然而數十年來日本人致力於製作絕佳的威士忌，現在日本威士忌已經為國際認可，獲獎無數。某些威士忌專家甚至將日本威士忌跟蘇格蘭、愛爾蘭、波本和加拿大並列，成為世界五大威士忌之一。

以肥土伊知郎為例。他在秩父山裡的一小塊地上，有兩個小小的單式蒸餾器。肥土家從一六二五年就開始釀造傳統的日本清酒。二〇〇四年肥土伊知郎決定開始釀造威士忌，新的蒸餾器在二〇〇七年完成。秩父單一麥芽威士忌在二〇一一年上市。雖然肥土是威士忌市場的新人，但他的威士忌已經在國際市場上獲得極高的評價。「撲克牌系列」威士忌是五十四種單一麥芽威士忌，每一種都有一張撲克牌的酒標，在數年間分別上市。一整套撲克牌威士忌在香港賣大約四百萬美金。肥土的單一麥芽威士忌以「Ichiro's Malt」

之名銷售，價格也非常昂貴。許多人認為肥土伊知郎是威士忌界的新星。

日本首屈一指的威士忌釀造蒸餾公司三得利的首席調酒師輿水精一，多年來都精心研究調製完美威士忌的藝術。著名的高級威士忌「響」就是他的作品，獲得了許多獎項。然而他精細的手藝通常都要經過數十年才能開花結果。輿水已經六十八歲了，他可能永遠也無法親眼見到自己現在工作的成果。

輿水遵守自己定下的規矩。他每天中午吃完全一樣的午餐（烏龍麵），以免干擾舌頭的味覺，影響品酒。他的主要武器就是牢不可破的可靠性，就像等待成熟的威士忌酒桶一般毫不動搖。

他曾跟我說過一個有趣的威士忌調和哲學。他說，要預測某一個桶裡的威士忌在多年以後會如何變化是不可能的。就算你把同樣的威士忌裝進比較小的橡木桶裡，儲藏多年之後仍舊會成為不同風味的酒。他認為在某個桶裡成熟的威士忌單喝可能個性太強。然而跟其他的威士忌調和起來的話，強烈的個性就會稀釋，讓調和威士忌呈現滿意的餘韻。

有趣的是，一種獨立時可能並不令人欣賞的特色，在跟其他不同的特質混合之後，反而能夠提升整體的品質，這就像是生命的本質。有機系統中各種元素之間的複雜相互作用，維續並使生命更加強健。

不久之前，日本人對葡萄酒產生了興趣。近年來已經可以看出跟釀造威士忌同樣的過程，許多小酒莊開始試圖釀造世界級的葡萄酒。釀造威士忌和葡萄酒有共通的主題——耐心地工作多年，不期待立刻的回報或認可。或許這是日本人在*ikigai*支撐下的長處。

要享受你的工作，處於心流狀態很重要。但在此同時也必須注意細節，這樣才能提升工作的品質。

活在當下並享受當下，注重最細微的細節，正是茶道儀式的精髓。茶道的創始人，十六世紀的千利休就已經達到了這個境界，令人驚嘆。戰國時代武將不斷征戰，生活充滿了緊張的壓力。

今日千利休設計的唯一倖存的茶室「待庵」空間非常小，只容數人。茶室設計如此狹小是要讓參加茶會的武將們密談。他們必須將武器留在門口，因為室內沒有容納武器的空間。大家甚至得彎腰鑽進小房間裡。

日本的「一期一會」（意為一生一次的遭遇）源自茶道傳統。創始者很可能就是利休。一期一會是要珍惜生命中跟任何人、事、物的短暫相遇。正因相遇短暫，所以必須珍惜。畢竟生命中充滿了只發生一次的遭遇。瞭解生命中「不再」的遭遇和愉悅就是日本 *ikigai* 這個詞概念化的基礎，也是日本生命哲學的中心。你如果注意生命中的微小細節，就會發現沒有任何重複之處，每一個機會都是獨特的。所以日本人彷佛攸關生死一般，重視所有儀式的每一個細節。

茶道傳統至今仍舊非常盛行，這種傳統之所以有意思，正是因為它涵括了*ikigai*的五大支柱。茶道老師仔細地裝飾茶室，關注所有的細節，像是牆上要裝飾哪一種花（從小處著手）。謙虛是茶道老師和客人的精神，即便他們已有多年經驗也一樣（解放自我）。茶道使用的器皿常是數十年，甚至數百年的古物，這些器皿互相共鳴，給人難以磨滅的印象（和諧與持續）。儘管準備工作一絲不苟，茶道的最終目的卻是放鬆，享受茶室內的感官細節（些微的喜悅），同時在正念的狀態下，將茶室的內在宇宙帶入自我心中（活在當下）。

這一切都反映出我們在第二章討論過的日本概念：「和」。「和」是瞭解大家如何提升自己的*ikigai*，同時和他人相處的關鍵。之前提過，西元六〇四年聖德太子制定的十七條憲法中，就提到「和」的重要性。從那時起，「和」就是一種日本文化的特色，也是*ikigai*的關鍵成分。這樣看來，聖德太子可以算是*ikigai*的先驅者之一。

在環境中和其他人和平共處是*ikigai*的本質要素。美國麻省理工學院發表的一項實驗顯示，社會敏感度是團隊績效的決定性因素。每個人的*ikigai*跟其他人和睦相處時，能在意見自由交流中促進創造力。欣賞周圍每個人的個人特質，你就能察覺到*ikigai*、心流和創造力的「黃金三角」關係。

當你處於心流狀態，與自身內外的不同元素協調時，就有認知能力可以注意到你遭遇的各種細微差別。當你的情緒受到干擾，或是有強烈偏見時，你會失去正念，無法欣賞能夠促進生活和工作平衡的所有重要細節。只有在心流狀態下才能追求最好的品質，這點肥土和輿水最清楚不過了。

日本的酒吧也無止境地追求品質，畢竟釀造威士忌就是要讓人喝的。東京的湯島有一家叫做「EST!」的傳說酒吧，店主是渡邊昭男。他在這裡招待客人已經將近四十年了。依我愚見，世界上最好的酒吧在日本。我知道這聽起來既荒謬又充滿偏見，但這是在東京長大，然後遊歷世界的人的意見。我這輩子可去過不少酒吧！

我在大學時就有幸去過「EST!」，那時我剛滿二十歲，到了喝酒的法定年齡。我有點緊張地走進酒吧，準備體驗一個全新的世界。EST!的內部裝潢是日本酒吧的典型風格，帶著一點愛爾蘭和蘇格蘭風情。架子上擺滿了威士忌、蘭姆酒、琴酒，和其他好酒。

像EST!這樣的酒吧在日本叫做「一口杯酒吧」（shot bar）。一口杯酒吧的獨特氣氛很難跟沒有去過的人解釋。日本一口杯酒吧高雅的客人和安靜的氣氛都跟葡萄酒酒吧很相似。以高端市場來說，它跟美國的雅痞吧（fern bar）有共通之處，但客人並不一定是單身或雅痞，裝潢也並不強調綠化。日本的一口杯酒吧其實自成一格，跟世界上任何其他酒吧都不一樣。

渡邊調製雞尾酒的優雅手勢、寧靜的氣氛，和客人應對的態度，都對我有很大的啟發。這聽起來很老套，但那天晚上我坐在吧台邊啜飲威士忌的時候，學到了許多珍貴的人生教訓。

渡邊的祕密就是：無止境地追求品質，專注於細節，不求回報。渡邊有非常多年不曾度過任何假期，只除了新年一星期和八月中一星期。除此之外的時間渡邊都一星期七天站在EST!的吧台後面，全年無休。酒吧調製的每一杯酒他都同樣用心。EST!的客人有演藝人員、編輯、作家、大學教授，大家都對酒吧有非常高的評價。然而渡邊從來就不曾追求名氣，他極力避開媒體的關注。有一次我在EST!的吧台不經意聽到旁邊的客人說，渡邊年輕的時候曾經替大文豪三島由紀夫調製過雞尾酒，渡邊從來沒有跟我提過這件事，他就是這種人。

最後一個認真做事不求認可的出色例子。日本皇室在歷史上有深厚的文化傳承，皇室一向支持科學和藝術，音樂對他們非常重要。為皇室服務的音樂家每年都在宮中舉行數百場儀式和典禮上提供特殊的音樂。這些傳統形式的古代宮廷音樂和舞蹈一起被稱為雅樂。雅樂已經在宮廷演奏超過千年了。

我曾經跟著名的宮廷樂師，也是雅樂的音樂家東儀秀樹聊過。東儀家自從奈良時代（710-794）就開始演奏雅樂，已經有超過一千三百年的歷史。東儀告訴我宮廷樂師在許多場合上演奏，像是某位天皇的一千兩百年紀念日。我問什麼人聽雅樂，他簡單地回答：「沒有人。」

他繼續說道：「我們在寧靜的皇居裡演奏樂器，唱歌跳舞，但是沒有觀眾。我們演奏到深夜。有時候我們覺得已故天皇的靈魂似乎從天上下來，跟我們一起欣賞音樂，然後再回去。」東儀一派自然，好像他說的話稀鬆平常。顯然對雅樂師而言，演奏時沒有觀眾是理所當然的。

東儀的敍事是對活在當下一種非常詩意而深刻的描述，當你陷入愉悦的專注時，觀眾就沒有必要了。你享受當下，繼續前進。

我們在生命中有時會搞錯優先順序和意義，也太常為了獎勵而做事。如果沒有獎勵，我們就很失望，對工作失去了興趣和熱忱，這是不對的。行動和獎勵之間本來就沒有即時性。就算你成功地完成了工作，也不一定會有獎勵：接納和認可是隨機的，取決於許多個人無法控制的參數。如果你將努力的過程當成幸福的來源，那就成功地克服了生命中最重要的挑戰。

所以就算沒有人在聽，也演奏音樂。沒有人看，也畫畫。寫一個沒有人讀的短篇故事。內心的愉悅和滿足可以讓你繼續走下去。如果你能辦到，那你就成了活在當下的大師。

chapter 6

Ikigai和可持續性

日本對於*ikigai*的概念一直是內斂和自制，與其他人的和諧被認為是最重要的。在一個經濟落差導致廣泛社會動盪的世界中，日本儘管過去取得了經濟上的成功，但傳統上仍然是一個資源中等的國家。有很長一段時間大多數日本人都認為自己屬於中產階級。近年來，隨著經濟增長放緩和人口高齡化，人們越來越意識到經濟落差正在增加，而且有幾個指標與這種看法一致。然而富人豪奢的消費和名人炫富誇耀在日本很罕見，至少從外界看來，日本的名流文化很低調。雖然日本也有富賈名流，但這裡沒有小賈斯汀（Justin Biebers），也沒有芭黎絲·希爾頓（Paris Hiltons）。

克制個人欲望和野心可能會有不好的副作用。跟橫掃全球的GOOGLE、臉書和蘋果這種大公司比起來，近年來日本的新創公司沒有什麼影響力。或許日本成功和名聲的範圍太過狹窄，無法容納能夠翻雲覆雨的真正全球玩家。

可持續性是日本最獨特的價值觀之一。這和適度表達個人自由和成功，以及自我保留和自制息息相關。追求個人私欲常常無法與社會和環境的持續性取得平衡。畢竟沒有健全的社會和環境，就無法追求自己的目標，也無法實現自己的野心。正如我們之前所看到的，在個人層面上，*ikigai*是一個讓你前進的動力結構，幫助你早上起床和做事。此外在日本文化中，*ikigai*與周圍的人和整個社會與環境和諧相處有很大關係，如若不然是無法持續的。*ikigai*第三支柱：和諧與持續，也許是日本心態中發展的最重要和最獨特的精神。

我們考慮一下日本人和自然的關係。日本人將自製轉變成謙虛、樸素的美德和優雅的藝術形式。日本的理想主義中充滿了保守抑制的美學，wabi sabi。壽司店光滑未處理過的木頭櫃檯就是典型的例子。帶著香味的檜木浴盆，加上柚子皮的香味——是另外一個例子，而且是令人感受到極樂的例子。這樣洗澡並不只是清潔身體，同時還要放鬆。日本十分盛行戶外入浴，特別是在溫泉地區。將自然帶入都會室內享受簡單的奢華是非常普遍的作法。公眾澡堂的牆壁上有富士山的圖像——這是非常受歡迎的藝術品。很多日本人都敬愛自然，喜歡森林浴和登山活動，日本庭院的設計充滿了美學意識，隨著季節不同而有不同的景致。

日本是一個擁有持續性的國家。持續性不只適用於人類與自然的關係，同時也適用於個人在社會中的行為模式。你應該體諒別人，注意自己的行為可能對社會產生的影響。在理想情況下，每一種社會活動都應該是可持續的。日本精神是以一種低調而持久的方式追求某種東西，而不是以華麗的手法尋求對短暫需求的短暫滿足。所以當日本人認真開始追求時，就可能非常長久地持續下去。

日本皇室是世界上傳承最久遠的皇室。當今天皇明仁在一九八九年一月七日即位，是第一百二十五代天皇。

許多文化組織也都有數百年以上的歷史。能劇（日本傳統古典音樂戲劇）和其他表演藝術都世代傳承。然而日本還有許多其他的古老家族承繼了不同的文化和經濟傳統。

「家族企業」這個詞在日本有嚴肅的歷史意義。許多家族數百年來都專注於從事某一種文化或經濟活動。根據歷史文獻記載，京都的池坊家最遲也從一四六二年就開始致力於插花藝術了。京都的千家也從創始者千利休在一五九一年去世之後，四百多年來一直繼承著茶道的傳統。千家有三個分支，成千上萬的門生在日本各地鑽研茶道。黑川家經營的傳統和菓子店「虎屋」已經有將近五百年的歷史。西元五七八年由三個木匠組成的「金剛組」專門建造並維護寺廟，現在仍由金剛家經營，是世界上現今仍在營業的最古老的公司。

日本文化裡充斥著以*ikigai*為持續發展動力的迷因和機構。為了理解日本人如何看待*ikigai*，必須解析日式的可持續性。伊勢神宮就是個明顯的例子。

伊勢神宮位於日本西部三重縣超過五千五百公頃的廣闊森林中，是日本最重要的原生宗教信仰機構之一。伊勢神宮是日本神道最神聖的神社，內宮供奉天照大御神。根據日本神話傳説，天皇家是天照大神的後裔，因此伊勢神宮一直都跟日本皇室有深厚的淵源。神宮的祭主傳統上都由皇族出身的女性擔任。二〇一六年G7高峰會時，世界領袖都造訪，可見此地的重要性。

據信伊勢神宮裡收藏著「八咫鏡」，這和草薙劍及八尺瓊勾玉並稱日本皇室的三大神器。所謂勾玉是一種日本原產的寶石，質地為玉，形如胎兒。新天皇即位的時候，會收下代表皇室權威的三種神器。三種神器到底是不是真的存在，從來沒有人證實過，因為沒有人真的親眼見過（或許除了天皇吧）。

現代日本人的宗教態度是世俗的。許多日本人到伊勢神宮參拜，但這並不一定意味著他們深信神道教義，他們甚至不知道信仰體系的細節。大部分日本人認為去伊勢神宮參拜是一種文化體驗。神道本身並不是戒律嚴格的宗教信仰。排除了宗教含意，森林的靜謐和伊勢神宮的建築之美讓人心曠神怡，產生現代人與自然關係的哲學共鳴。

伊勢神宮最重要的一面，也是與追求*ikigai*最相關的一面，就是神宮的定期重建。伊勢神宮由內宮和外宮組成，兩者交替使用。每二十年神宮建築被仔細拆解，用新的木材在新的地點上重新建造一模一樣的神宮。現在的神宮是二〇一三年完成的。下一次遷宮將在二〇三三年進行。根據紀錄，每隔二十年遷宮的過程會因戰爭或社會動盪等因素稍微改變，但已經持續了一千兩百多年了。

為了讓神宮建築一模一樣，遷宮有許多必須仔細準備的事項。比方說，神宮梁柱使用的檜木必須在數十年前就開始種植。伊勢神宮在日本各地都擁有檜木林。有些木材必須要一定的規格，只有樹齡超過兩百年的檜木才能符合。

伊勢神宮也需要特別的木工技巧。比方說，整座神社建築不用一根釘子。訓練致力於維護神社建築的高明木匠對神社的可持續發展至為重要。有一說認為每二十年遷宮是為了要將建築神社的知識和經驗代代相傳。

伊勢神宮是日本成千上萬的神社的巔峰。其他神社雖然規模小，外觀也遜色，但仍為當地居民敬重。目前大約有一千名神職人員和五百名員工維持伊勢神宮運作。間接維持神宮運作的還有木匠、工匠、商人和林業工作者。維護神宮的這些人的組織與和諧（聖德太子所說的「和」），是這種古老持續傳統重要的另一面。

神社的構思和設計毫無疑問是天才之作。建築精緻而美麗。著名的佛教僧侶西行（1118-1190）造訪伊勢神宮之後，寫了一首和歌。內容可以翻譯為：「雖不知此處有何物，但神聖的靜謐讓我的心靈流下淚水。」

構思和設計是一回事，千百年來維護原始的設置又是另一回事了。時代一直在改變，執政者更迭，維持神宮運作的人各有不同的能力和個性。伊勢神宮能千年如一日保持顛峰狀態實在是一個奇蹟。

重要的是，神社不能依賴這些優秀的人員支持其運作。可以肯定的是，神社的工作人員既可靠又匠心獨具。我個人認識其中一些人，他們是才華洋溢，盡職盡責的模範，然而這不是重點。而一個確實的內建機制運作，也不可能讓伊勢神宮維持千年以上。

舉例來說，要是你能想像蘋果公司在史蒂夫．賈伯斯死後一千年仍舊持續運作，那或許就能體會這是多麼艱鉅的任務。同樣地，網際網路已經改變了世界，但沒有人知道未來幾十年是不是能持續下去，更別提幾百年了。

駭客、詐欺、網黑跟資訊洪流只是網際網路的幾個問題而已。社交網站上的假新聞氾濫已經對民主體制造成了威脅。此外，為了吸引大家上網投入更多時間的野蠻競爭也令人擔憂。我們都知道不同的網路服務商，像是臉書、推特、Snapchat、Instragram等已經將眾人清醒的時刻切割成隨機的零碎片段。

在這個越來越沉迷於新事物的世界中，每個具有獨特個性的人要如何透過*ikigai*實現可持續的生命呢？我們應該研究伊勢神宮的卓越紀錄，作為實現可持續性的模範。和諧顯然是可持續性的關鍵。伊勢神宮歷代工作人員的出色成就和他們的低調謙和，使得神社成為*ikigai*的第三支柱：和諧與可持續性的典範。東京都心有一座神社是另外一個可持續性的獨特範例。明治神宮建於一九二〇年，是為了紀念對於日本近代化居功厥偉的明治天皇（1852-1912）所建。這裡是外國觀光客的勝地。神宮奉納的成排清酒酒樽特別受歡迎，大家都在五顏六色的酒樽前自拍。大家把寫著願望的繪馬綁在神社前面，祈求健康、幸福、學業順遂和生意成功。從繪馬上的各國語言可以看出明治神宮有多受歡迎。

明治神宮位於東京都心，周圍是七十公頃的森林。東京居民和觀光客都喜歡散步穿越森林去神宮參拜。遊客可以在寧靜的森林餐廳中用餐或喝茶。

在明治神宮的土地上有一群蒼鷹築巢，象徵著東京中心這片巨大森林的豐饒。明治神宮森林中發現了許多稀有物種。在森林中漫步，你可以感覺到自己呼吸著已經在這裡存在許久的自然環境。事實上，森林是由本多靜六、本鄉高德和上原敬二等植物學家們構思、計劃然後種植的。

在計劃建造明治神宮的時候，這是一片沒有樹木的荒地。三位植物學家仔細選擇了種植的樹木種類。他們基於對生態演替的了解，以及森林的物種結構如何隨時間而變化，他們設計並預測樹木將如何成長到顛峰狀態，然後穩定下來。這個計畫公布之後獲得日本各地人民的響應，他們捐贈了十二萬棵三百六十五種不同種類的樹木，紀念已故的天皇並紀念一個時代的結束。

將近百年後的今日，這裡的寧靜自然環境讓人能放鬆沉思。

本多、本鄉和上原等人為了建造明治神宮森林所做的努力無疑充滿了獨創性。然而保存這片森林則是另外一種同樣重要的專業工作。明治神宮的森林被視為聖地，遊客只能進入特定的步道。每天早晨都有工作人員清掃通往神宮步道上的落葉，這個景象在旁觀者看來既愉悅又富啟發性。工作人員會把掃起來的落葉堆在樹根上而不是丟掉，讓落葉成為森林中自然的養分。隨著時間過去，落葉會腐敗由土壤吸收，為下一個世代的植物做出貢獻。對聖地的尊重維護了森林中的蒼鷹聚落。

伊勢神宮和明治神宮在構思當時確實是創新之舉。同時也是可持續性的模範。伊勢神宮的重建循環已經超過千年。明治神宮已經維護百年，而且很容易想像就這樣持續數百年。

要是不欣賞一般人的努力，我們的*ikigai*就無法持續。在日本的哲學中，平庸的事物並不一定就真的平庸。日本文化的成功之處正在於最簡單微不足道的工作——而且通常都做得完美無缺。要是沒有這樣的哲學，很多事情，從重建伊勢神宮到建構和維持明治神宮森林，或是新幹線運行和壽司店的美味食物，就無法持續下去了。

毋庸置疑，只以上位者為中心的價值體系無法維持下去，因為必須有人成為弱者，才能讓某人處於領先地位。當今世界人類逐漸被迫在全球範圍內競爭，我們需要考慮一心只想贏得競爭的意味和影響。以獲勝為動力的思維方式可以帶來巨大的創新，但同樣的心態也會導致個人和社會的過度緊張和不穩定。

問題在於人性本來就會從勝者及敗者、領導者與追隨者、上級和下屬這種階級制度來思考的。這就是人類這個物種之所以成功，也是我們有一天可能自取滅亡的原因。在自制和適度表達的情況下研究*ikigai*，同時考慮自己所處的有機體系，可能有助於可持續的生活方式。

這種思考方式顯然跟傳統的「和諧」概念不謀而合。將自身的欲望和需求與環境調和，可以減少不必要的衝突。換而言之，*ikigai*是為了和平！

可持續性是生活的藝術，需要創意和技巧。人就像森林，是獨立的個體，但也與他人息息相關，必須倚賴他人成長。在這個起起伏伏，難以預期的世界裡，人能活這麼久已經是一種成就。

在漫長的一生中，你可能會遭遇一些困難。但就算在不如意的時候，你也有自己的*ikigai*。簡而言之，*ikigai*伴隨你一生，無論發生什麼事都不會改變。

想像自己在寧靜的森林裡，深吸一口氣。然後想想維護這片森林要花多少功夫。

每當我去明治神宮的森林時，都能聽到可持續性的美妙呢喃。*ikigai* 規模不大、耐心、平凡和有遠見。

chapter 7

找到生命的意義

正如先前所見，*ikigai*是生命的可持續性。出乎意料的是日本的相撲界正是生命可持續性的祕密寶藏窟之一。

相撲是日本傳統的摔角藝術，起源可以回溯到古代。職業相撲力士在十七世紀江戶時代出現。

在西方，人們普遍誤解相撲只是兩個蓄著滑稽髮型的裸體胖男人互相推擠的戰鬥，他們頭上綁著頭帶、腰上繫著奇怪的腰帶。這個形象往往是滑稽的貶義。當然這種古老運動有更深的含意。要不然有教養的人們不會為相撲活動瘋狂，更不會獻身於這種運動。

隨著相撲運動受到國際歡迎，越來越多的外國觀光客來看相撲比賽，外國人也漸漸開始瞭解相撲的微妙之處了。

大相撲一年舉行六次。其中三次在東京的兩國國技館，另外三次分別在大阪、名古屋和福岡。大相撲一場舉行十五天，從週日開始，在週日結束。

相撲力士的分級制度非常嚴謹，最高級是「橫綱」，每一位相撲力士的夢想就是往上爬，當然，能登上最高的橫綱之位者寥寥無幾。最早有紀錄的橫綱是一七六九年一位叫做「谷風」的選手。谷風的優勝紀錄是驚人的百分之九十四・九、雷電有百分之九十六・二、梅谷的百分之九十五・一繼之（沒錯，日本人甚至在當時就保有相撲比賽的詳細紀錄）。谷風一直到一七九五年都很活躍，直到突然死於流行病為止。許多人都認為谷風是相撲歷史上最偉大的橫綱之一（甚至有人說他是最偉大的）。

大約三百年間，有七十二人成為橫綱。本書二〇一七年成書時有四位橫綱。一九九三年，來自美國夏威夷的曙是第一位出生於海外的橫綱。他是歷史上第六十四代橫綱。從曙開創先河後，有另外五位來自海外的橫綱，其中包括從蒙古來的白鵬，在本書執筆時，白鵬保有大相撲最多的三十八場優勝紀錄。

相撲力士分為六個等級。最高兩級的力士稱之為「關取」，十位相撲力士中只有一位能成為關取。一般大約有七百名相撲力士，其中大概有七十位關取。

關取跟低級力士的層級完全不同。低級力士不僅要參加比賽，同時還要當關取的助理。助理必須替關取拿服裝和雜物。關取則兩手空空昂首闊步。在土俵之外，關取的服裝給人的印象是滿不在乎的酷樣。他必須顯得風流倜儻、悠然自得。關取絕對不能自己拎著大包小包。

年輕的力士不僅要替關取拿東西，同時還要做其他的雜事。關取可以穿著合適的和服，但不是關取的力士只能穿「浴衣」，也就是一種簡單袍子，通常洗完澡之後穿的。怪不得所有相撲力士都希望能成為關取。

相撲力士的等級隨著比賽成績而變化。多贏幾場比賽就能升級，否則就會降級，相撲界的算數就是這麼簡單。這是典型的零和競賽。相撲的本質就是某人的成功和升級直接等於某人的失敗和降級。相撲界人口過剩，必須將對手推出土俵才能生存。

如果力士一直停留在下級，經濟報酬非常微薄。但只要還留在「相撲部屋」，就會有吃有住。相撲部屋是除了關取之外的力士們一同起居的大房間。然而娶妻生子是沒有可能的，因為非關取的力士年紀越大，越難出人頭地。成為上位的相撲力士可能是日本人數一數二的美好夢想，問題是這個夢想的失敗機率太高了，正確說來是十分之九。

「荒汐部屋」的網站上提供了相撲力士可以選擇的其他職業。網站上直說了十個力士只有一個能成為關取之後，為接受過五年相撲訓練的力士列出三種其他的可能出路：

(1) 繼續當相撲力士。在經過訓練五年的獎勵儀式之後，繼續精進。

(2)當相撲力士很有滿足感，但也想考慮其他的人生方向。這樣的話，部屋給你一年的時間考慮，力士繼續在相撲比賽中努力，部屋主人也會衡量其他的可能。一年之後再作出決定。

(3)覺得自己已經在相撲這條路上盡力了，可以開始新的生活。這樣的話，部屋主人和其他員工會幫助你找工作。在找工作的期間，退休的力士可以繼續在部屋吃住一年。

網站上驕傲地宣稱：「能在相撲部屋歷練五年的退休力士，絕對有成功開拓第二人生的資質和本領。」

相撲選手可以有許多第二職業生涯的選擇，支持相撲的粉絲團也會幫忙。粉絲團叫做「谷町」，源自當初來自大阪富裕粉絲居住的地方。比方說，退休的相撲力士可以開chanko餐廳，這是力士們在部屋訓練期間鍛鍊身體吃的特殊料理。其中特別受歡迎的是什錦相撲火鍋，各種營養的配料如肉類、海鮮和蔬菜都下在同一鍋湯裡。跟一般人認知不同，chanko料理只要不吃過量，並不會讓人發胖。東京市內和郊外都有許多前任相撲選手開了chanko餐廳，受歡迎的程度不一。谷町粉絲團通常會提供開店的資金，也常去餐廳光顧。退休的相撲選手也有別的工作機會，一般認為能熬過相撲部屋艱苦訓練的人也能在其他方面出人頭地。前任相撲選手有轉職成脊椎治療師、上班族、建築業、酒店經理、體育教練甚至飛機駕駛員的。

因此從經濟方面考量，放棄相撲生涯，從事能養家活口的賺錢工作比較實際。然而許多沒有當上關取的相撲選手仍舊堅持不懈，即便這意味著收入微薄而且必須擔任繁重的助理工作也一樣。

直至二〇一七年六月為止，最資深的相撲選手是四十六歲的華吹。華吹身高一八二公分，體重一〇九公斤，他當相撲選手已經三十一年了，參加過一百八十六次大相撲，成績中等，不算太糟（六〇五勝，六七〇敗）。華吹過去的最高階級比關取低兩級。現在他是倒數第二級。考慮他的年紀，以及之前的比賽紀錄，要當上關取的可能性實在不大。在日本這樣對年齡敏感的國家，他從事的又是隨著年紀增長成功率大幅降低的運動，華吹堅持相撲之路實在勇氣可嘉。

華吹的成績算是還過得去。而服部櫻就沒有這麼幸運了。服部櫻現年十八歲，一百八十公分，體重六十八公斤。服部櫻參加過十八次大相撲，一勝六十八敗。服部櫻目前是職業力士連敗最多場的紀錄保持人。他曾和以擅長推擊出名的力士錦城對戰，他害怕對手，故意露出絆到的樣子跌出土俵，這就等於是輸了。服部櫻雖然是職業相撲力士，但看起來年輕天真，立刻激發了眾人的想像。他一夜之間成為一個矛盾的明星。他的比賽成績如此之差，自然一直都在最低的等級。

服部櫻還能繼續在職業相撲界待多久沒有人知道。他隨時可能放棄，覺得自己不適合這種運動。但服部櫻也可能持續三十年，跟華吹一樣。職業相撲並沒有因為比賽成績不好而必須退出的規定。要不要繼續留在這一行，完全是個人抉擇，就算顯然沒有升級的希望也一樣。

像華吹或服部櫻這樣表現不佳的力士為何仍舊決定繼續相撲？他們為何留在這個對他們並不友善的環境裡？換而言之，這些低階力士的*ikigai*是什麼？我身為相撲迷，對此有答案，或者起碼我有一種假設——一切都是因為相撲的魔法。如果你曾經去過舉行大相撲的東京國技館，就會瞭解這種魔法。你一旦迷上相撲的世界，就不會輕易離開。以微小的個人犧牲換得這個神奇國度的一席之地，是值得的。

相撲是嚴肅的全身運動。必須將自己的體能鍛鍊到最高峰。你必須克服自身的恐懼，以全速衝撞對手，這是年輕的服部櫻還需學習的一課。同時，相撲有豐富的文化傳統。初次進入國技館的人會驚訝於相撲力士漫長複雜的準備工作。相撲對戰本身平均只有十秒，很少超過一分鐘。觀眾在國技館裡大部分時間都在欣賞力士們微妙優雅的動作，行司（就是裁判）的莊嚴，和司儀傳喚力士上台的儀式之美。這嚴肅的空手相搏和優雅儀式的結合讓人著迷。

在寫本書時，相撲力士聰富士三十九歲。他的成績不算出眾但也還過得去。他參加過一百二十七次大相撲，四二一九勝，四三四敗。聰富士身高一七一公分，體重一一一公斤，以相撲力士而言體型算是小的。聰富士最高曾到關取下一級，目前則在倒數第二級。雖然他的成績平平，但只要是相撲迷都聽過聰富士的名字，熟悉他結實的上半身。這是因為聰富士在每天大相撲結束之後都負責表演弓取式（舞動長弓的儀式）。

在相撲的傳統中，負責弓取式的力士必須來自橫綱所屬的相撲部屋。

聽富士是伊勢濱部屋的力士，和第七十代橫綱、來自蒙古的日馬富士同屬。每日宣布了相撲優勝者之後（當然常常是橫綱的名字），觀眾都必須留在自己的座位上，觀賞弓取式。聽富士以驚人的速度和準度揮舞長達兩公尺的長弓，觀眾無不大聲喝采。最後聽富士鞠躬退場，國技館的一天才算結束。觀賞聽富士表演弓取式，你就明白這可能是他最重要的*ikigai*。

相撲界有個不吉利的說法，傳說表演弓取式的力士永遠也當不上關取，這個詛咒只有幾位力士打破過。

然而，對於那些欣賞聽富士靈巧、優雅地表演弓取式的人來說，他在比賽中的表現幾乎不重要。聽富士反而因此在相撲的世界中找到了自己的位置，一個他可以自傲地執行的任務，一個在相撲傳統中的一席之地。聽富士在舞動長弓的時候理應感受到喜悅，因為這個儀式源自贏得最後一場比賽的力士的感激之舞（相撲力士就算贏了重要的比賽，也不會露出欣喜的樣子，這是尊重失敗的對手）。雖然聰富士不太可能晉級，但他仍舊可以在結束力士生涯之前，愉快地執行表演弓取式的任務。

在相撲這個生態系統中，只要你能找到一席之地，就算一直無法贏得比賽也沒關係。華吹、服部櫻、聰富士都是無名英雄，雖然他們的表現不足以升上關取，但各有可以自傲之處。

相撲為*ikigai*的多樣性和穩健性提供了靈感，彰顯出就算在一個輸贏規則非常嚴苛的世界中，大家仍舊可以找到自己的*ikigai*。在人類活動的許多領域，用來衡量一個人表現的價值系統是微妙的，而且可以有許多其他的解釋，大家甚至可以欺騙自己，覺得自己表現得不錯。相撲力士不能享受這種曖昧的自我欺騙，然而這並不會讓他們失去*ikigai*。

相撲力士的*ikigai*取決於許多事情。事實上*ikigai*的五大支柱都包含在內，就跟茶道一樣。從小處著手很有幫助，因為相撲選手的訓練依賴於非常詳細的健身技巧，例如如何在土俵上抬腿的特殊方式。解放自我是必須的，在擔任上位力士的助理時，必須滿足自己尊敬的人的需求和願望。和諧與持續是相撲這種傳統藝術的精髓，許多儀式和習俗都是為了維持這個豐富的生態系統而存在的。相撲的世界裡充滿了些微的喜悅，從chanko料理到粉絲的歡呼。許多力士都說活在當下對準備和進行比賽至為重要，因為只有專注於眼前，才能有最好的表現。

*ikigai*的五大支柱息息相關，支持著相撲力士，就算他的職業生涯不是非常成功，甚至完全不成功也沒關係。相撲這個運動雖然競爭激烈嚴苛，但相撲世界的*ikigai*卻非常民主。

我並不是說只有相撲才能平等地給大家*ikigai*，古典芭蕾的世界也有類似的民主*ikigai*制度。

身為廣播節目的主持人，我有幸訪問過法國芭蕾舞星曼努埃爾．勒格里斯（Manuel Legris, 1964-），他曾經二十三年都擔任巴黎歌劇院芭蕾舞團的首席舞星。二十一歲時，傳奇芭蕾舞大師魯道夫・紐瑞耶夫（Rudolf Nureyev, 1938-1993）看見他在芭蕾舞劇《雷蒙達》（*Raymonda*）中飾演布利安的瓊恩（Jean de Brienne）之後，提升他為首席舞星。在那之後，勒格里斯在巴黎、斯圖加特、維也納、紐約和東京等地都演出過。現在他是維也納國家芭蕾舞團的總監。

勒格里斯在訪問中討論了芭蕾舞劇中群舞舞者的角色，他們都是出色的舞者，要進入像巴黎歌劇院芭蕾舞團這樣享譽世界的舞團當群舞舞者都非常困難；成為首席舞者更是另一回事了。勒格里斯堅定地認為群舞舞者的角色非常重要，因為他們是構成舞台整體表演的要素。事實上，站在最後排的舞者最重要，也需要高超的舞蹈技巧，勒格里斯同時還表示，每一個主角舞者都對群體舞者的境遇感同身受，因為他們也曾經都是群舞的一員。

群舞舞者的演出從藝術方面來看很重要，但他們不一定能獲得豐厚的報酬。二〇一一年《紐約時報》報導芝加哥的喬佛瑞芭蕾舞校（Joffery Ballet）以及波士頓芭蕾舞團（Boston Ballet）付給團員的薪水，在三十八週的表演季間，平均每週八二九到一二〇四美元。休士頓芭蕾舞團四十四週內，每週付給舞者一〇三六美金。這些薪資雖然不算低，但跟主角舞者完全不能比。因此從薪水的角度看來，芭蕾舞者和相撲力士的職業結構、挑戰很類似。

在生命中我們常常必須接受自己現有的本質，然後據此努力。從生物學的角度來看，在任何環境中，*ikigai* 都可以視為一種適應方式，特別在心理健康方面。無論在何種環境中，不管個人的表現如何，原則上都可以有 *ikigai*（生命的意義）。

不是只有贏家才有 *ikigai*。贏家和輸家在生命這種偉大和諧的舞蹈中，可以在平等的基礎上擁有 *ikigai*。從 *ikigai* 的內在視角來看，贏家和輸家的界線會漸漸模糊，最後贏家和輸家沒有不同，大家都只是人類。

許多日本人心中，*ikigai*之歌是為弱勢者，或至少是為社會各階層的普通人唱的。你不必高人一等才能有*ikigai*。事實上，在競爭的任何層次都找得到*ikigai*。*ikigai*是唾手可得的東西，只要有心，人人都能得到。

為了要得到*ikigai*，你必須跳脫刻板印象，傾聽內心的聲音。就算你祖國的政治體制並不完美，你也一樣可以找到自己的*ikigai*。

在隱士之國北韓，團體操是日常生活中不可或缺的。團體操源自德國，然後在日本發揚光大，成為學校的體育活動。今日北韓定期且張揚地舉辦高度複雜的團體操。

英國導演丹尼爾・戈登（Daniel Gordon, 1980-）拍攝的紀錄片《日正當中》（*A state of mind*）（2004），記錄了兩個年輕的北韓女性體操選手和她們的家人參與二〇〇三年平壤團體操的經過。北韓從一九四六年就開始舉辦這種運動了。高達八萬名體操選手在廣場上一起演出。經由協調的努力，他們創造出世界上規模最大的團體運動。

團體操是個人需求有組織地從屬於團體需要的一種形式。參加者接受漫長的訓練，一天至少兩個小時，培養群體心態。雖然看見團體操會讓人覺得這是無意識的集體行為，但參加者都有自己的欲望和夢想，自不需贅言。

在《日正當中》裡，參加團體操的年輕女性體操選手回想自己在「將軍」（故金正日，也就是北韓政府創始者金日成的兒子，現在「隱士之國」的最高領導人金正恩的父親）面前表演的興奮。她的願望和喜悅跟深植於國家的社會脈絡毫不相關，完全屬於她個人。

觀賞《日正當中》的時候，我們會發現團體操本身可能是集合體的機械行為，但參加者的願望和喜悅是非常熱切而私人的。這是個人與社會關係的巨大悖論，但從*ikigai*的觀點來看就可以解釋了。

人類在各種情況下都能找到*ikigai*。就算住在極權國家裡，也能有*ikigai*。就算在一個不自由的國家裡，個人仍舊可以有自己的*ikigai*。*ikigai*跟你所處的環境和時地是分離的。

在任何情況下，人類都能夠找到*ikigai*。即使在卡夫卡描繪的《城堡》或《審判》中的世界，主角也設法擁有*ikigai*，實際上還不少。兩部小說中的人物幾乎連喘息的空間都沒有。例如在《城堡》中，主角在官僚體制中掙扎，然而情場卻很得意。

我們繼續研究藝術作品的話，可以很諷刺地發現自己甚至能從投原子彈導致世界末日中找到*ikigai*。在美國導演史丹利·庫柏力克（Stanley Kubrick, 1928-1999）一九六四年執導並參與編劇的電影《奇愛博士》（Dr. Strangelove or: How I learned to Stop Worrying and love the bomb）中，B–52轟炸機的指揮官金剛上校（Major Kong）一心想投原子彈，他親自進入炸彈艙，修好配線。炸彈成功投下的時候，他像牛仔競技騎野牛一樣跨在原子彈上，發出歡呼，毀滅了人類文明。

我們回到現實世界吧。

我們學到了什麼？不管在何種環境下，*ikigai* 就是適應環境。從相撲到古典芭蕾，有 *ikigai* 的人都能超越單純的勝負，找到快樂。擁有 *ikigai* 有助於讓你在各種環境下做出最好的表現，如果不然，環境就會很困難——事實上環境確實可能很困難。

你必須在小處找到自己的 *ikigai*，你必須從小處著手，你必須活在當下。最關鍵的就是你不能也不應該把沒有 *ikigai* 歸咎於自身的環境。畢竟 *ikigai* 是得以自己的方式去找尋的。

從這個方面看來，英國政府在第二次世界大戰期間著名的口號「保持冷靜，繼續前進」，很可能正是*ikigai*的精神。誰會想得到呢？

chapter 8

越挫越勇

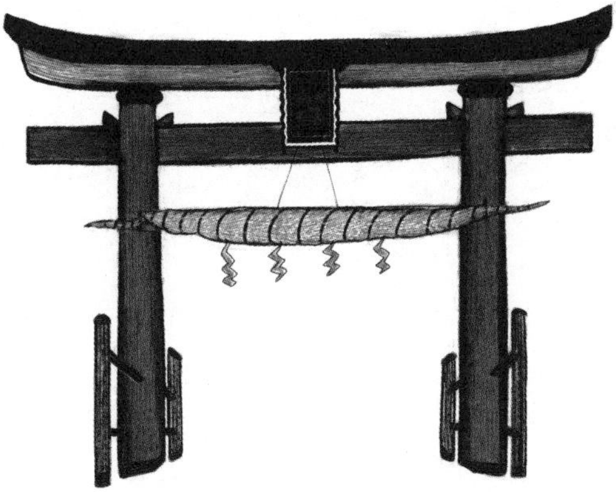

有*ikigai*的好處之一就是踏實和耐受性——在悲劇發生時這兩種力量都是必要的。人生需要耐受性，特別是現在這個世界越來越變幻莫測，難以預期。

二〇一二年，我在加州長灘的TED會議上舉行了一場演講。題目就是日本人的彈性，那是在二〇一一年奪去一萬五千多人性命的東日本大震災和海嘯一年之後。

地震發生的那一刻，我在東京的地鐵上。雖然日本是個常常發生地震的國家，但我以前從沒經歷過那麼劇烈的震動。地鐵停駛了，我走了很久的路回家。我在手機上難以置信地看著巨大的海嘯席捲東北地區。那是令人難忘的可怕經驗。

那次TED演講我投入了全副心力。我播放了海嘯襲擊釜石市的影片，一面揮舞一幅受災地漁師借我的旗幟，作為勇氣和希望的象徵。日本漁夫有句俗話：「甲板一片，地獄在下。」每次大自然發怒，人類只能束手承受。雖然風雲難測，但漁夫還是出海打漁維生。我認為地震和海嘯受災區的民眾就是以這種精神重新站起來。

日本是一個天災頻仍的國家。多年來日本承受過許多災難，就像經歷過地震、海嘯後的漁夫一樣，每次災難發生之後，日本人都展現出超凡的耐受性。

日本天災主要是火山爆發。一七九二年雲仙岳爆發，熔岩穹丘崩塌，引發造成一萬五千人喪生的海嘯。富士山最後一次噴發是一七〇七年，持續了兩星期。雖然那次噴發紀錄上沒有傷亡，但火山灰散落的範圍非常廣泛，連東京（當時叫做江戶）都遭到波及，對農地造成嚴重的損害。

一七〇七年是日本的災難之年。在富士山噴發前四十九天，西日本發生嚴重的地震和海嘯，造成將近兩萬人死亡，這場地震可能導致了富士山噴發。近期則是一九二三年在東京發生的關東大地震，死亡人數超過十萬人。這次地震的經驗成了宮崎駿二〇一三年的電影《風起》的背景。一九五九年的伊勢灣颱風（或超級強烈颱風薇拉）造成名古屋近郊山崩，五千多人死亡。

這樣頻繁的天災紀錄，讓日本人在一生中多半都曾經體驗過自然凶猛的威力。

除了天災之外，人禍也經常發生。日本房屋傳統都是木造。在現代防火科技出現之前，房屋很容易著火。日本以前經常發生大火災，造成重大的傷亡。一六五七年的明曆大火，根據傳說是由一件被詛咒的和服引發的，火勢在強風推波助瀾之下在江戶擴散，燃燒了三天三夜，摧毀了首都十分之七的地區，造成十萬人死亡。連將軍居住的江戶城天守閣都被燒毀，一直到一八六七年江戶時期結束都沒有重建。

第二次世界大戰東京遭受空襲，破壞程度也非常嚴重。尤其是一九四五年三月九日、十日。盟軍稱之為「會議室行動」(Operation Meetinghouse)的轟炸行動出動了數百架B–29轟炸機投集束炸彈，撒下無數凝固汽油燃燒彈。東京老街區全毀，造成十萬人死亡。想到這離一九二三年死亡人數相同的關東大地震還不到二十二年，就感覺特別慘烈。

今日站在東京繁華的街頭，你會訝異於當年慘烈的災區早已沒有半絲蹤跡。一九四五年東京大轟炸受損的地區，現在跟其他地方一樣繁華和平。我們希望這能持續下去。

日本人是怎麼找到繼續活下去的動力的？

有些人能在社會規範和道德規範中找到耐受性的來源和靈感。教育和穩定的經濟也扮演重要的角色，家庭關係和友情也一樣。

日本人從小就接受這種精神教育。東京集英社出版的漫畫雜誌《週刊少年JUMP》號稱銷售量超過兩百萬冊，是世界上最暢銷的漫畫雜誌。漫畫雜誌裡的作品都有三大主旨：友情、努力和勝利。這三項主旨是基於以小學四、五年級生為目標的讀者問卷調查結果。日本兒童從小就帶著對生命重要價值觀的自覺成長，透過漫畫作品，他們學習到和朋友一起應對和克服困難的各種模式。這有助於日本兒童從小就有明確的*ikigai*（《週刊少年JUMP》中的友情、努力和勝利）的自覺。

但是宗教顯然也一直都是日本耐受性的基礎之一，而且是一種特殊的宗教。

日本人對宗教的態度一直都以「八百萬神明」為宗旨。「八百萬」意味著無限。日本人傳統上都認為生命中存在著無限多的宗教意義和價值觀的來源，而不是侷限於一個神明的意志。

一個單一的神明告訴你如何過日子如何生存，跟日本八百萬神明的概念有天壤之別。單一的神明告訴你善惡是什麼，決定誰上天堂誰下地獄。然而神道相信有八百萬神明，這樣的信仰體制民主多了。神道由各種小儀式組成，表達了對自然和環境的關注。神道跟基督教不一樣，並不著重於來世，而比較注重當下，以及人類在這個世界中扮演的角色。日本人認為受嚴格宗教教義限制的不同元素對生活的實際和世俗方面都是必須的，而八百萬神明的觀念是這種哲學的隱喻。

這種概念一直都受到外界的影響。日本生活哲學中的正念受到佛教冥想傳統影響，鼓勵長期自我提升，修心向善。*ikigai*和舊約聖經二十四卷中的《傳道書》（*Ecclesiastes*）也有驚人關連。《傳道書》認為生命基本上是無益且無意義的，因此建議我們應該尋求生命中微小的喜悅，因為這些都是上帝賜予的，人類應該謙卑地接受——這跟*ikigai*的哲學不謀而合。

日本文化也受到中國儒家思想的影響，特別是在世俗方面：人該如何自處，師傅和弟子之間的關係，以及應該敬老尊賢。日本傳統的禪中強調的重點之一，就是改變自己就能改變外界，這種觀念正是集這些影響的大成。

這個世界一切都息息相關，沒有任何人是孤島。

對日本人來說，一切跟宗教有關的事物都可以跟世俗的日常生活融合。雖然大部分日本人對這種表面上看起來輕浮的宗教態度的歷史背景並無瞭解，但八百萬神明的概念，也就是從人類、動植物到無數日常事物皆可以為神的想法，正是這種態度的基調。

日本的武術，無論是相撲或是柔道，都從鞠躬開始，以鞠躬做結。正如我們之前所見，相撲力士贏得比賽的時候因為尊重對手，所以並不公開表現喜悅，落敗的力士也坦然接受失敗。每個相撲力士或是柔道選手基本上都是好輸家，至少表面上應該是如此。互相尊重至關緊要。這是為了大局而講究小節，並從中獲得愉悅及滿足的好例子。

在日本人心目中，八百萬神明並不只限於人類，也不限於有生命的活物。只要我們尊重沒有生命的東西，它們也會善待人類。但要是我們粗率輕忽，它們可能會記恨甚至反擊。描繪一百種怪物的著名日本古代繪卷《百鬼夜行抄》裡，就有古老的家用器皿（像是飯碗、掃帚和衣物）變成怪物在街上行走。當時的人認為家用器皿經過長年使用，可能成精變怪，特別是在人類粗率輕忽的時候。這些變成怪物的家用器皿被稱為「附喪神」，或是「九十九神」。「九十九」象徵長久的時間，因此家用器皿中也有神明。這種信仰仍舊存在許多日本人的下意識中。

日本人對神的概念，也就是八百萬神明的信仰，跟西方的神完全不同。當日本人說他／她相信家用器皿中有神明的時候，意思就是我們應該尊重器皿，而不是指創造宇宙的神明奇蹟般地被侷限在一個小小的物品裡面。

人們的行為可以反映出他們的態度。一個相信器皿內有神明的人，對生命的態度就跟不相信的人不同。這種信仰可能在日常生活中會以不同程度表現出來。會有人用微小事物的神明表現他們的信仰，也會有人珍惜並重視器皿，卻不一定自覺地相信其中有神明。機場的行李工和其他工作人員常常對起飛的飛機揮手或鞠躬，日本人習以為常，但很多外國人卻會感到驚訝，並且受到啟發。

從典型的日本人觀點看來，生命是由許多微小事物的平衡組成的，而不是由一個一統的教條規範。有些文化可能會對不明確的宗教態度不以為然，但對日本人來說，擁有很多宗教性的標籤是很自然的。在日本人看來，只要能夠對世俗生活有所貢獻，各種宗教主題都很歡迎。

世俗價值觀重於嚴謹的宗教價值觀，是日本人生活方式裡非常重要的一面，這多半要歸功於強韌的*ikigai*。日本人就算皈依於某種宗教團體，也很少徹底排斥其他宗教。日本人會在新年時參拜神道神社，跟情人一起慶祝耶誕節，以基督教儀式舉行婚禮，參加佛教葬禮。他們並不覺得有任何互相抵觸的地方。近年來許多日本人都把耶誕節、萬聖節和復活節當成上街遊玩購物享樂的節日。換句話說，日本人將這些來自國外的宗教傳統融合到八百萬神明之中了。

過去這種「彈性」曾被批評為缺乏「真正」的宗教信仰。然而在現今的世界情勢下，不同宗教背景的人時起衝突，引發悲劇；日本人對於宗教的寬容態度反而讓人讚許。以日本人的方式追尋自己的*ikigai*，擁有不同的價值觀，有助於在這個趨向極端的世界裡平穩地生活下去。

當然這並不是說日本人完全沒有宗教衝突。日本歷史上也曾經有嚴厲打壓宗教的時期，特別是在宗教跟世俗價值觀相抵觸的時候。例如在一五七一年，今日稱之為「火攻比叡山」的一連串事件。當時織田信長（第三章提過在本能寺自盡，毀壞第四個「星辰茶碗」）燒毀數百座寺廟，屠殺了兩萬多僧侶和平民。有些歷史學家認為，這次的暴行有效地遏止了宗教團體勢力影響日本的世俗生活。

基督教是由傳教士帶入日本的，其中最著名的方濟．沙勿略（Francis Xavier, 1506-1552），他是一五四九年第一個抵達日本的傳教士。一開始戰國武將們都歡迎這種充滿異國風味的新宗教和文化。甚至有改信基督教的武將。但在蜜月期過後，豐臣秀吉在一五八七年宣布禁止基督教，一五九六年再度頒佈禁令。禁令有許多破綻，也仍有傳教士在日本活動。

要是必須在虔誠信仰一種原則和一系列意識形態中作出抉擇時，典型的日本人會選擇後者。這有助於日本吸收各種國外的新知，因為並沒有什麼禁忌阻止日本人的好奇心。但從另一方面來說，著重細微事物的平衡使得專注於一項原則十分困難。導演馬丁．史柯西斯（Martin Scorsese, 1942-）的電影《沉默》（The Silence）改編遠藤周作的小說，描繪在幕府壓力下叛教的耶穌會修士羅德里格斯（Rodrigues）將日本比做「沼澤」，沒有什麼可以扎根。修士還說就算日本人信仰基督教，但也跟原來的不一樣了，會變成以日本方式改造並消化過的宗教。在八百萬神明的土地上，一神的基督教義很難被真正接納。

「沼澤」聽起來可能有貶義，但事實上未必如此。要是聽起來有貶義，那是聽者自身的偏見，跟沼澤的本質無關。沼澤是一個豐富的生態系統，許多微生物繁衍生息。地球上的生命可能都源自類似沼澤的環境。近年來發現我們的腸道中有複雜的微生物生態系統，對維護健康的免疫功能來說不可或缺。

我們的*ikigai*如果有足夠的多元性跟深度的話，其實就像沼澤一樣。簡而言之，沼澤中有一種榮耀。甚至可能有八百萬神明。

請自問一下：你心中的沼澤裡有哪些微不足道的事物可以讓你撐過困難的時刻？那可能就是你想時刻專注並且銘記在心的要素。

chapter 9

Ikigai與幸福

有一種在某方面來說的確無誤的普遍觀感，那就是日本上班族是獻身無我的模範。「過勞死」這個已經成為國際用語的詞，意思就是因為工作過勞而死。然而就算在日本這樣的國家，對公司鞠躬盡瘁的古老倫理道德都不再適用了。

我們都知道遵循一個組織所要求的職業道德並不一定能讓人幸福。為了要有強烈的 *ikigai* 意識，你需要在工作和生活之間保持平衡。另類形式的 *ikigai*，像是工薪階層辭職離開公司，開始自己的生活方式；或者是丈夫在家主持家務，而他們的妻子則出去工作。他們代表了自由業者的世界潮流，在此同時，這些日益增長的趨勢也有一些獨特的日本角度。

比方說「脱工薪」是領薪水的上班族，通常是白領階級，決定離開安全但平淡的上班生活，決定追求自己的愛好。從詞源上看，「脱」的意思就是脱離，「工薪」指的就是薪水階級。有時候你會因為經濟環境被裁員，然後被迫「脱工薪」然而這在日本很罕見，因為一旦被日本公司錄用，通常都是終身職，你會一直工作到退休為止。「脱工薪」可能有無數的形式：經營酒吧或餐廳、務農或當藝術家。這些職業的共通特點就是它們通常都是*ikigai*延伸的例子——前上班族想做別的事維生，但要做自己感興趣、能獲得滿足的事。

能在自己的工作之外找到*ikigai*的思潮跟「脱工薪」互相輝映。就連必須獻身於摔角運動的相撲力士也有別的嗜好，像是唱ＫＴＶ或釣魚，這些嗜好在他們從相撲生涯退休之後是很有幫助的。

工作之外的嗜好是生命愉悅的來源，這種現象當然並不只限於日本。

經典英國喜劇《泰德神父》（Father Ted）。劇中的所有主要角色除了本身的工作之外，都有自己的生命意義。這齣經典喜劇描繪三位天主教神父和他們的管家在教區小屋的生活，他們住在虛構的峭壁島（Craggy Island）。

泰德·克瑞里（Ted Crilly）神父一心只想賺錢、獲得社會認可、吸引女性青睞。道格·麥逵爾（Dougal McGuire）神父則盡量得過且過，傑克·海克特（Jack Hackeet）神父則只顧著「喝」。道爾（Doyle）太太非常喜歡泡茶，喜歡在客廳坐一整晚，以免有人半夜突然想喝茶。編劇格雷厄姆·萊恩漢（Graham Linehan）跟亞瑟·馬修斯（Arthur Mathew）以這些主角的特色寫出了各種冒險。

《泰德神父》主角們最喜歡的活動，都跟他們的*ikigai*息息相關。在某一集中，泰德神父迷上了抽菸、道格喜歡溜冰、傑克則酗酒。他們要戒掉這些習慣並不容易。也從沒想過要放棄神父的身分，反正身為神父並不干涉他們追求自己的愛好。

雖然《泰德神父》是虛構的故事，它的架構卻可以彰顯出*ikigai*的不同層面。首先，*ikigai*不必跟自己的職業有直接關係。對這三位天主教神父來說，他們生活的意義跟執行神父的義務沒有關係（雖然他們在戲裡並不做任何像神父的事情）。第二，自己生命的意義在別人看來可能艱辛又沒有必要。雖然泡茶非常麻煩，但道爾太太完全無法想像自己放棄這個任務。有一集泰德神父送道爾太太全新的沖茶器，她其實很不喜歡，趁沒有人的時候打算破壞昂貴的沖茶器，然後她就可以繼續享受麻煩的泡茶過程了。

泰德神父劇中的人物比現實生活中誇張，但我們都能感受到他們的*ikigai*，即便是以喜劇方式呈現。

➤

日本人在休閒方面也有自己的一套。現代日本公司的員工無法從工作中得到滿足，大家便追求各自的興趣，致力於跟正職無關的嗜好上。嚴肅地享受嗜好從某種方面來說，是些微的喜悅的誇張版本。將一件事從頭到尾完成能讓人享受到成就感。*ikigai*在某種程度上能創造出有意義的東西，滿足感在於享受最終的成果——比方說，吃自己種的蔬果。滿足來自於完整的創造，人們在過程和結果中獲得快樂和滿足。

非常多的人熱衷於自己畫漫畫、週末時在comiket（漫畫市場的簡稱）上販賣。事實上，參加comiket正是*ikigai*最好的例子。

comiket是一個泛稱，可以指日本國內（現在國外也有了）動漫迷的小型聚會。最大的Comiket一年在東京展示場（Tokyo Big Site）舉辦兩次（八月、十二月），東京展示場是位於新開發的台場地區的展覽館，造型像機器人、充滿未來風味，已經成為動漫迷朝聖的聖地。一九七五年Comiket第一次舉辦時規模很小，只有六百人參加，現在已經是每年有十幾萬人次的大型媒體活動。現在Comiket是世界上規模最大的同類型活動，聖地牙哥的國際動漫節次之，二〇一五年參加者大約是一萬六千七百人，相形之下二〇一六年的Comiket冬季場參加者有五十五萬人。

Comiket的參加者販售同人誌，也就是自費出版的漫畫和周邊商品。賣家稱之為「社團」。通常每一次Comiket有三萬五千個社團。由於空間有限，參加者必須經過篩選和抽籤，決定哪些社團能參加。通常的通過率是百分之五十到七十。

賣家支付大約一萬日圓（一百美金）的費用，得到九十公分乘四十五公分的攤位。攤位或許很小，但對充滿希望的賣家和急切的買家來說，卻是夢想成真的地方。雖然不是很常發生，但Comiket的賣家的確有可能藉此進入競爭激烈的職業市場。稀少的搶手同人誌在拍賣網站上可能賣到當初Comiket會場上十倍、百倍的價錢。然而，大部分社團都滿足於販賣少數作品給同好。某些社團有一批忠實的粉絲，會場大門一開，粉絲和來參觀的人就蜂擁而入。

Comiket組織是由業餘志願者營運。每一場大會都有約三千名志工有效率地合作。二〇一五年NHK播放的紀錄片讓大家看見志工們在一個小時之內排好六千張攤位使用的桌子，動作流暢讓人印象深刻。

除了販售同人誌之外，Comiket的另一個特色就是角色扮演。參加者打扮成著名的動漫角色，供大家拍照。角色扮演者（cosplayer）穿著便服來到東京展示場（就算是在東京，裝扮成《七龍珠》或是《海賊王》裡的角色搭地鐵還是會引人側目）然後在Comiket會場換裝。每次大會都有大約兩萬七千個角色扮演者參加，佔所有參加者的百分之五。

角色扮演者極盡能事將自己轉變成夢中的角色。他們為什麼要這麼做？NHK紀錄片中有一個女孩說她喜歡裝扮變身的過程。一個保守的上班族女性變身為自己選擇的動漫角色，成為熱切的粉絲爭相注目的對象。

Comiket國際化程度越來越深，二〇一五年有大約百分之二的參加者來自國外，這個數字預估將逐年增加。會場中有多國語言翻譯志工以便利外國參加者。Comiket網站上有四種語言說明（日文、英文、中文和韓文）。CNN和BBC等國際媒體也都曾經加以報導，縮時攝影的片段顯示人群耐心地等候進入展廳，令人難以置信的紀律和理性轟動國際。

雖然Comiket越來越受國際矚目，但很多地方仍舊是純日本式。研究Comiket參與者的價值觀和行為模式，可以看出一系列反映在*ikigai*哲學中的有趣道德觀和標準。

參與者的動力主要來自於成就本身的快樂，而不是物質上的獎勵或社會認可。成功的角色扮演者在Comiket期間確實受到很多關注。然而這並不立即等於物質收入。角色扮演者享受Comiket上短暫的名聲，但是不會辭掉日常生活的工作。

參加Comiket以一種純日本的方式提供了*ikigai*的感覺。Comiket沒有明星制度，每位參與者都得到相同的關注，當然銷售數字跟粉絲團會有差別。會場並不頒發任何獎項，每個賣家（社團）的待遇也都相同（九十公分乘四十五公分的攤位）。

Comiket組織的方式表明了*ikigai*如何與一般的幸福感相關聯。事實上，*ikigai*與我們的幸福概念密切相關。在幸福的假設結構裡，我們需要擁有，或是得到不同成分的要素，像是教育、工作、婚姻伴侶和金錢。然而科學研究顯示人要幸福快樂還有其他必須的要素。比方說，有很多錢並不一定能讓人幸福，這和一般的信念完全相反。你的確需要足夠生活的金錢，但除此之外，金錢並不能買到幸福。生兒育女也不一定能得到幸福。婚姻、社會地位、學術成功——大家常認為必須追求這些生命中的要素以獲得幸福，但事實上這些卻與幸福本身無關。

研究人員一直在探討一種叫做「聚焦幻覺」的現象。人們認為生命中一定要有某些事物才能幸福，然而事實上並非如此。「聚焦幻覺」這個詞來自你將焦點聚集在生命中的某一個層面，覺得自己的幸福全仰仗於此。比方說，有人把聚焦幻覺放在婚姻上，認為一定要結婚才能幸福。在這種情況下，只要他們維持單身，就會一直覺得自己不幸。有些人會抱怨自己沒有足夠的金錢，所以不幸福；也有人相信自己不幸福是因為沒有合適的工作。

我們在聚焦幻覺中創造出自己不幸福的理由。如果不幸是一個需要填入某種要素的真空，那個真空是被主體的偏頗想像創造出來的。

幸福沒有絕對的方程式。每個獨特的生命境況，都可以以獨特的方式當成幸福的基礎。你結婚生子可以幸福，結婚不生子也可以幸福。你可以單身、有大學文憑或是沒有，都可以幸福。你瘦的時候可以幸福，過重的時候也可以幸福。你住在溫暖的加州可以幸福，住在冬天酷寒的蒙大拿州也可以。你當相撲力士，得到橫綱的地位可以幸福；或是一輩子都在下層做瑣事，也能幸福。

總而言之，你要接納自己，才能幸福。接納自己是我們生命中最重要，也是最艱鉅的任務。然而接納自己卻是最簡單、收穫也最大的事——低成本、不需維護的幸福方法。

矛盾的是，接納自我通常必須解放自我，特別是放棄你以為理應如此的虛幻自我。你必須放棄虛幻的自我，才能接納自己，獲得幸福。

在莫里斯·梅特林克（Maurice Maeterlinkck, 1862-1949）的戲劇《青鳥》（*The Blue Bird*）中，一個叫做彌貼爾（Mytyl）的女孩跟哥哥貼貼爾（Tyltyl）一起旅行找尋幸福。他們以為幸福的青鳥在別處。雖然他們極盡努力，卻找不到青鳥。他們失望地回家，卻驚訝地發現幸福的青鳥就在家裡，婉轉鳴唱。其實青鳥一直都在他們家裡。這個故事告訴了我們什麼？

一九九六年，義大利研究人員發表了一項神經科學的重要研究。他們在研究猴子腦部時，意外發現了猴子在做某件事時神經元活躍起來。當猴子觀察其他個體做同一件事時，同樣的神經元也會活躍。具有這種特性的神經元被稱為鏡像神經元。

人類腦中也有鏡像神經元。今日一般認為溝通的各種層面都跟這些神經元相關，包括思維閱讀，也就是揣測他人的心思。當我們拿自己和他人比較時，鏡像神經元被認為是不可或缺的，為了瞭解我們自己是什麼樣的人，這是必需的步驟。

你浴室裡的鏡子反映出你的外貌。然而為了要欣賞自己的個性，你必須從別人身上反映出自己。只有透過瞭解自己和別人的相同和差異之處，才能踏實地評估自身的個性。

彌貼爾和貼貼爾也一樣。他們在世界各地旅行，將自己跟他人比較，才意識到自己真正的本質，只有這樣他們才能接納真實的自我。幸福青鳥的預言告訴我們，大家都可以在自己的獨特的境遇中找到幸福。對面的草地看起來可能比較綠，但那只是幻覺。

參加Comiket的參加者彼此互動，並在平等的基礎上相互交流。他們來到Comiket尋找藍色的幸福鳥，他們就在自己身上找到了追求的東西。在角色扮演過夢幻的動漫角色之後，他們脫掉歡樂的服裝，回歸自我。

chapter 10

接受真實的自我

山口富藏是日本著名甜點老鋪「末富」的店主兼師傅。末富從一八九三年起就為茶會和各種宴席場合製作甜點。山口表示，即便是代表花朵的甜點，每一個的形狀和顏色也都略有不同。這並不是師傅的手藝有所缺陷無法製作出一模一樣的甜點。事實上是刻意讓每個甜點的形狀都略有不同，因為自然界中沒有兩朵花是一模一樣的。

現代工業最基本的假設是所有產品都應該維持同樣的品質。比方說，製造汽車的時候，所有大量製造的機械、電子零件都必須完全相同，要不然就不可能製造出精密的汽車。

這種方式對自然界的生物不適用，包括人類在內。我們只要舉目四顧，就知道每個人都不一樣，就算同卵雙胞胎也會發展出不同的個性。大家很容易以為同種族的人都有相同的特質，然而如果仔細觀察，就可以察覺不同。

正如山口所言，變化是大自然的註冊商標。讓每一個甜點都稍有不同，其實是非常寫實的。由於文化和學習的影響，比起花草或其他自然生物來說，人類的變化更為多樣。

日本諺語「十人十色」，意思是每個人的個性、感性和價值觀都各不相同。為了追求自己的*ikigai*，你可以盡量表現自我。表現自我是正常的，因為我們每個人的顏色都不一樣。

重視多樣化似乎跟傳統認為日本是文化、種族都一致的國家的刻板印象相反。日本政府的移民政策是出名地嚴厲。上班族擠在上班電車裡，站務員設法將他們推進車廂的景象，似乎跟尊重個人的概念完全不符。日本對婚姻和家庭生活仍舊有日本人固定的印象，日本政府在接納性別和少數性向族群方面的立法十分緩慢。

日本人確實都認為自己是一個團結的國家。隨著全球化普及，日本人的心態也有所改變，但他們仍舊認為自身是同類的種族。話雖如此，日本社會中表現自我方式的深度十分耐人尋味。日本人有許多在合群中保持個人特質的小技巧。

這種做法有許多歷史上的理由。從一六〇三年的江戶時代到一八六七年明治維新日本開始現代化的期間，德川幕府發佈了一連串的行政命令，維持社會穩定，這在當時是必須的做法。其中一項時常引起爭議的法令就是禁止浪費奢華的簡約令。隨著江戶的經濟發展，許多富商開始大量消費。這種豪奢的表現被視為蠶食社會安定的腐敗行為，加深階級之間的差異。富商們在表面上都服從命令，因為當時要反抗幕府將軍是不可能的。然而他們設法在私底下享受奢侈的生活，其中一種方法就是將昂貴的衣料用在服飾內層，外觀則維持儉樸的樣子。外表低調，而在暗地裡堅持個人特質是日本人多年來培養出的智慧。這種方式適用於所有社會，特別是在容易引發社會批判的地方。（只要想想現代網軍的威力就知道了！）

日本人外表內斂，暗地堅持個人特色的做法在現代社會中有好也有壞。比方說，這讓突破的創新甚為困難，也難以培育日本社會中的創意人才，因為像史蒂夫·賈伯斯和馬克·祖克柏（Mark Zuckerberg）這樣叛逆的人格也都難以被社會容忍接納。跟傳統企業抵觸的新服務方式，像是優步（UBER）和愛彼迎（AIRBNB）在日本發展非常緩慢。抑制個體獨特的表達，讓日本強調整體性而非個人特質的教育系統停滯不前。

大部分日本人都選擇在私人領域追求個人的*ikigai*，這可能是社會風氣影響的結果。私下表現個人特質並不是唯一的解決之道，然而至少算是一種有趣的方法。

在旁觀者眼中，一個上班族跟其他人似乎沒有不同，然而在他普通的西裝外套下，可能隱藏著他對動畫或漫畫的熱情。上班時間他可能是公司的忠實員工，晚上和週末他可能是Comic Market（同人市場）的明星，或是業餘搖滾樂團的主唱。一個看似順從的人可以培養從外表看不出來的深層個人特質，這有一種解放感。更有甚者，每個人選擇的方式可能都非常獨特。光是察覺並保有自己的個人特質是不夠的，大家都應該自覺地培養。

在社會整體性中定義個人的*ikiagi*，能大幅減輕競爭和比較的壓力。用不著敲鑼打鼓以獲取注意力，你可以輕聲細語就好，甚至可以自言自語。

東京郊區一家豆腐名店的老闆山下健，暗地裡就是個哲學家。黃豆是豆腐最重要的原料，他討論不同的黃豆種類，簡直像是談論獨特的人類靈魂一樣。山下在NHK的節目中曾說：「與其說是柏拉圖，不如說是亞里斯多德。」他同時也引用了莎士比亞，讓拍攝團隊目瞪口呆。莎士比亞的傑作顯然和選擇黃豆製作豆腐的藝術有關。山下解釋自己製作豆腐的特殊方式，常見於對自己的*ikigai*有特殊詮釋的人，特別是在一個講究合群、不彰顯個人特質的國家。

*ikigai*和幸福都源自接納自我，他人的認可當然也是額外獎勵，然而在錯誤的情況下，也可能阻礙重要的接納自我。山口的說法其實跟京都甜點的製法一樣，也就是自然界中沒有相同的事物。人類也一樣，每個人都不同。

接納並喜歡你自己！英國喜劇演員馬修．盧卡斯（Matt Lucas）和大衛．沃廉姆斯（David Walliams）到東京來宣傳《小不列顛》（Little Britain）的時候我曾有幸跟他們聊過。盧卡斯曾坦承自己在學校時曾被嘲笑過，因此他以創作性的方式自衛，在被嘲笑之前先逗別人笑。沃廉姆斯也同意，笑聲可能是最好的自衛方式。

從認知科學的觀點來看，笑聲被視為大腦前葉皮質的一種後設認知。在後設認知中，你從體外觀察自己，以客觀的角度看出並接受自己的缺點，並由外界視角獲得新鮮的洞察力。

你可能害怕面對真正的自己。這樣的話，好好笑一場，從後設認知觀點看看自己，可能有點幫助。如果後設認知無法讓你立刻笑出來，那能理解真正的自己總是好的，就算並不盡如人意也一樣。

ikigai 最大的祕密，就是接受自我，無論自己生來的特質有多麼獨特。*ikigai* 並沒有最佳的單一方式。我們每一個人都必須在自己的繁多特質中尋找，在找尋時別忘了開心地笑——今天開心，天天開心！

結語

找到你自己的 Ikigai

支柱一：從小處著手
支柱二：解放自我
支柱三：和諧與持續
支柱四：些微的喜悅
支柱五：活在當下

現在你已經讀完本書，*ikigai*的五大支柱，你覺得如何？

- 你是否對如何解決生命中的問題有點頭緒了？
- 你是否比較願意嘗試新事物，慢慢前進，而不一定要有立刻的外界報償？
- 你現在是否看出了和諧與持續性之間的關鍵連結呢？

- 你是否覺得自己比較能容忍他人的特性，以及比較不介意自己跟別人的不同之處呢？
- 你現在是否比較能從小處發覺樂趣？

本書希望能藉由介紹 *ikigai*，讓你能從嶄新的角度進一步深刻瞭解這五大支柱的重要性，這能賦予你解決問題的洞察力。

ikigai 的概念源自日本，然而 *ikigai* 的意義遠超過國家的界限。並不是說日本文化在這方面有任何特出之處，只是在日本的文化和傳統環境下，*ikigai* 的概念得以發揚光大。在世界上數千種不同的語言中，確實有一些跟 *ikigai* 近似的概念。畢竟每一種語言都處於平等的地位，語言的發展是使用這些語言的人一代又一代艱苦奮鬥的成果。

現代日本著名的文藝評論家小林秀雄（1902-1983）曾經說過，他想活得越久越好。他由自己的經驗得知，每一天都能帶來新的發現和更多的智慧。他的前任編輯池田雅延說，小林在想描述生命中的重要事物時，常會提起「萬用馬達」。小林說每艘遊艇都有一個萬用馬達，萬用馬達的驅動力並不強，但卻穩定而可靠；在緊急情況或逆境之中，萬用馬達能讓遊艇安全回到港口。

*ikigai*就是小林的萬用馬達。無論發生什麼事，只要你有*ikigai*，就可以度過生命中困難的階段。你可以回到自己的避風港，從那裡再度開始生命的冒險。

我們從本書中看到*ikigai*並不是來自單一的價值系統，也不是上帝的律法。它來自連串微小事物的豐富共鳴，而這些小事本身在生活中並沒有特別重大的意義。

你閱讀本書體會到的環繞*ikigai*的各種價值觀，希望能啟發你嘗試生命中的新事物，一步一步地改變。你的新開始並不需大張旗鼓，你會慢慢意識到改變，而不是突兀地轉變。我們的生命需要的是演化，而非革命。生命中革命性的變化假象——比方說新的準則、新的思考或做事方式，以及開始新生活的打算——常常會誤導大家。

這是因為*ikigai*只是強化你原本舊有的直覺，變化是漸進而適度的，就跟人生一樣。

生命講堂

IKIGAI・生之意義：每天早上醒來的理由，

那些微不足道的事物，就是IKIGAI

2019年5月初版
2024年7月初版第三刷

定價：新臺幣270元

著　　者　茂木健一郎
譯　　者　丁世佳
插 圖 者　耶LO
叢書主編　林芳瑜
校　　對　宇宏
內文排版　立全電腦排版公司
封面設計　Ghost
封面美編　兒日

出版者　聯經出版事業股份有限公司
地址　新北市汐止區大同路一段369號1樓
叢書主編電話　(02)86925588轉5305
台北聯經書房　台北市新生南路三段94號
電話　(02)23620308
郵政劃撥帳戶第0100559-3號
郵撥電話　(02)23620308
印刷者　文聯彩色製版印刷有限公司
總經銷　聯合發行股份有限公司
發行所　新北市新店區寶橋路235巷6弄6號2樓
電話　(02)29178022

副總編輯　陳逸華
總編輯　涂豐恩
總經理　陳芝宇
社長　羅國俊
發行人　林載爵

行政院新聞局出版事業登記證局版臺業字第0130號

本書如有缺頁，破損，倒裝請寄回台北聯經書房更換。　ISBN 978-957-08-5305-6 (平裝)
聯經網址：www.linkingbooks.com.tw
電子信箱：linking@udngroup.com

國家圖書館出版品預行編目資料

IKIGAI・生之意義：每天早上醒來的理由，那些微不足道的事物，就是IKIGAI /茂木健一郎著．丁世佳譯．初版．新北市．聯經．2019年5月（民108年）．176面．14.8×21公分
（生命講堂）
譯自：The little book of ikigai: the Japanese guide to finding your purpose in life
ISBN 978-957-08-5305-6（平裝）
[2024年7月初版第三刷]

1.人生哲學　2.自我實現　3.日本

191.9　　108005377